@PAPAUNDPAPI
BJOERN UND CHRISTIAN BEHR

JETZT WIRD'S BUNT

SCHNELLE FAMILIENKÜCHE – WIR KOCHEN ZUSAMMEN!

#FOODIE

INHALT

VORWORT

Beginnen wir an dieser Stelle mit den drei größten Vorurteilen, die uns gegenüber geäußert werden:

„Zwei Männer können nicht Familie!"
„Zwei Männer können nicht Kind!"
„Zwei Männer können nicht kochen!"

ABER VON VORNE:

Wir, das sind Christian und Bjoern, alias @PAPAUNDPAPI, unser Sohn Lukas (auch liebevoll „Zwergi“ genannt) und Labrador Anton. Unser Männerhaushalt birgt an sich keine großen Besonderheiten, wenn auch die Gesellschaft fortwährend nach ebensolchen sucht. Da werden Rollenklischees bemüht und Schubladen weit geöffnet, um das eigene, erlernte Weltbild bekräftigt zu sehen. Genau da möchten wir ansetzen, für Aufmerksamkeit sorgen und zeigen, dass wir genau dieselben Themen, dieselben Herausforderungen wie alle anderen Eltern und Familienmodelle haben.
Als Eltern machen wir beide uns unglaublich viele Gedanken. Wir versuchen immer reflektiert und bedacht vorzugehen. Es gibt für uns nicht DEN einen Weg in der Kindererziehung – die wir übrigens Reisebegleitung nennen –, sondern eine Mischung aus selbst Erlebtem, Einflüssen durch Freunde und Außenstehende und gesundem Menschenverstand.
Eine große Säule unserer Reisebegleitung ist die generelle Förderung von Lukas. Wir nutzen seine natürliche Neugierde und navigieren diese in Richtung aller möglichen Themenbereiche. Ein wichtiger Baustein in unserer Familie ist hierbei eine abwechslungsreiche und vor allem gesunde Ernährung. Aber wie stellen zwei Jungs, für die bisher Essen eher Mittel zum Zweck war, ihre Essgewohnheiten um? Wir hatten zuvor wenig Lust gehabt, wertvolle Zeit mit dem Einkauf oder der Essenszubereitung zu verbringen – und jetzt sollten wir plötzlich Vorbilder auf genau diesem Gebiet sein? Rückblickend war der innerliche Kraftaufwand, den wir aufbringen mussten, um beim Thema „Essen“ positive Veränderung zu erreichen, tatsächlich dann doch überschaubar. Oft ging es nur um Kleinigkeiten im Ablauf oder ein bisschen mehr Organisation und Absprache. Gemeinsames Essen war uns zum Beispiel schon immer wichtig. Wir lieben den Austausch und die Ruhe, die dieser Moment des Tages bringt. Da war die Integration der gemeinsamen Zubereitung eigentlich nur noch eine kleine Veränderung. Auch das Auseinandersetzen mit den Zutaten, das Hinterfragen und Einordnen nach gesund und ungesund, wurde mit der Zeit zu einem spannenden Bereich unseres Lebens. Was bedeutet „bio“ wirklich? Ist Zucker automatisch ungesund? Und was können wir vielleicht direkt beim Erzeuger kaufen, immerhin leben wir auf dem Land?
Eine größere Herausforderung war es dann, die richtigen Rezepte zu finden. Sie sollten einfach, gesund, zeitsparend und ansprechend zugleich sein. Diese Suche kostet bis heute eigentlich die meiste Zeit. Und so saßen wir eines Abends mit Freunden zusammen und hatten die Idee zu diesem Kochbuch. Wir möchten dich mit auf eine Reise durch unseren Küchenalltag nehmen. Wir schauen gemeinsam hinter unsere kulinarische Kulisse, öffnen unseren Kühlschrank für dich und lüften die Deckel unserer dampfenden Töpfe und Pfannen. An welcher Stelle werfen wir geplante Dinge über den Haufen, inwieweit sorgt Lukas für ein spontanes Umplanen? Wie integrieren wir ihn aktiv in Einkauf und Zubereitung? Sind wir immer stringent mit unseren Ansätzen oder wo gibt es Ausnahmen, die wir vielleicht auch sehr bewusst einsetzen? Wir möchten dir mit unserem Kochbuch Impulse geben und zeigen, dass abwechslungsreich nicht kompliziert sein muss und dass lecker sehr wohl gesund sein kann. Und wir freuen uns sehr, wenn wir auch deine Küche damit ein bisschen bunter machen!

UNSERE GESCHICHTE

„@PAPAUNDPAPI" – das sind wir nun schon seit ein paar Jahren, voller Trubel und Abenteuer. Hier erfährst du mehr über uns, wie wir uns gefunden haben und was unser großes Anliegen ist.

CHRISTIAN STARTET DURCH

Als mein Mann Christian 1982 zur Welt kam, standen die Zeichen ganz gut, dass er irgendwann einmal den elterlichen Betrieb übernimmt. Als Schaustellerkind fühlte er sich überall zu Hause, sein Kommunikations-Gen wurde weitreichend befriedigt und immer weiter ausgebaut. Mit 18 Jahren hatte er allerdings ganz anderes im Kopf. Sein eigentliches Zuhause, die Schwäbische Alb und die Märkte Deutschlands, waren ihm einfach nicht mehr genug, ihn zog es in die weite Welt hinaus. Nach einem Sprachaustausch, den er in Amerika verbrachte, bewarb er sich als Flugbegleiter und saß wenig später im Trainingszentrum einer großen deutschen Airline. Trotz manch blöder Bemerkung wie „Willst du wirklich Saftschubse werden?" setzte er seinen Berufstraum in die Wirklichkeit um. Und mehr noch: Angespornt durch die abfälligen Kommentare legte er in den vergangenen zwei Jahrzehnten eine Bilderbuchkarriere hin. Heute arbeitet er als Langstrecken-Purser und Teamleiter und ist stolz auf seinen Werdegang. Herrlich, dass er diese bunte Welt bereisen und dadurch kennenlernen darf.

BJOERN VERFOLGT SEINE ZIELE

Ich dagegen wuchs als Frohnatur im Rheinland auf und startete nach dem Umzug nach Fulda meine nicht gerade rühmliche Schullaufbahn. Im Gymnasium stolperte ich immer mehr über Sinn und Zweck von Latein, Chemie und Co. Ich wusste schon als Kind, dass ich später einmal beim Fernsehen arbeiten will und dort mit einem großen Teil der erlernten Inhalte wenig anfangen werde können. Und so brach ich in der elften Klasse die Schule ab, machte eine Ausbildung als Mediengestalter Bild und Ton, zog in die Medienstadt München und begann meine Fernsehkarriere. Die Stationen zogen mich von der Produktion von Fernsehfilmreihen über die Spieleredaktion einer Vorabendshow bei den Öffentlich-Rechtlichen bis zum Privatfernsehen. Der Höhepunkt meiner Karriere war sicherlich meine für den Grimme-Preis nominierte Live-Übertragung der Premiere der Bayreuther Festspiele. Und trotzdem musste ich nach 25 Jahren Fernsehen feststellen, dass Träume auch mal zu Ende gehen. Unglücklich über viele Veränderungen innerhalb der Branche, entschied ich mich dazu, als Selbstständiger ein eigenes Unternehmen aufzubauen und die Marke @PAPAUNDPAPI groß zu machen. Heute trete ich als Top-Speaker auf und begleite Menschen dabei, wie sie ihren Traum zum Ziel machen.

FAMILIENFREUDEN

Wir zwei lernten uns 2010 im Internet kennen, keine drei Monate später zog Christian bei mir ein, 2014 heirateten wir. Wir fühlten uns damals schon mit Hund als kleine Familie, und doch war in unserem Herzen noch Platz für etwas viel Größeres:

UNSER LEITSATZ IST:

„Unser Thema muss ein Thema bleiben, solange es ein Thema ist."

ein gemeinsamer Kinderwunsch. Unzählige Gespräche, Seminare und Fragebögen später zog 2019 der einjährige Lukas bei uns ein. Unser Leben war auf den Kopf gestellt, unsere Herzen ausgefüllt. Gleichzeitig merkten wir, wie viel Aufklärungsarbeit in der Gesellschaft noch nötig war, um Regenbogenfamilien als ein Familienmodell unter vielen zu akzeptieren.

Seitdem trommeln wir laut in der Öffentlichkeit für Toleranz und Akzeptanz. Mit unserem Instagram-Kanal @PAPAUNDPAPI und unserem Podcast erreichen wir über eine halbe Million Menschen und zu unserem ersten Buch *Träume passen in keine Schublade* haben uns viele begeisterte Leserstimmen erreicht.

UNSERE KÜCHENPHILOSOPHIE

Mit unserem Elterndasein zog ein ganz anderes Selbstverständnis in unsere Küche ein. Nie zuvor haben wir uns solche Gedanken zu Ernährung, Zutaten und vor allem zur Herkunft von Lebensmitteln gemacht.

Durch die aktive Auseinandersetzung mit all diesen Dingen bereiten wir jedoch nicht nur Lukas den Weg zu einer gesunden Ernährung, sondern auch wir haben unseren Umgang mit dem Thema in den vergangenen Jahren komplett verändert. Wir haben verstanden, dass es zwar generell um das große Ganze geht, aber es sind oft die Details, auf die es letztlich ankommt.

WAS STECKT IM ESSEN?

Wir alle wissen, dass Gemüse gesund ist, Fast Food dagegen nicht. Dass Wasser besser ist als Zitronenlimonade. Dass Müslis nahrhafter sind als Cornflakes. Aber bevor wir Lukas mit all diesen schlauen Erkenntnissen konfrontieren, filetieren wir die Gerichte in ihre Bestandteile und sprechen mit ihm darüber. Der große Vorteil an diesem Vorgehen ist, dass wir selbst dabei noch eine Menge lernen. Wir verstehen also zuerst, bevor wir konsumieren. Und natürlich: Auch wir lieben Schokolade, Burger, Pommes und Co. Aber mit dem Wissen über deren Inhaltsstoffe und die daraus resultierenden Folgen für die Gesundheit können wir die Menge und Häufigkeit von Junkfood auf unserem Speiseplan viel besser reflektieren und steuern.

BUNTER GENUSS IM ALLTAG

Was im ersten Moment so einfach und machbar klingt, wird dann aber gnadenlos mit dem Alltag konfrontiert. Und da sind Stress und fehlende Organisation die natürlichen Feinde von gesunder Ernährung.
Uns ist dennoch wichtig, dass keine Mahlzeit heruntergeschlungen wird. Wir bauen Zeitinseln ein, um zumindest die Möglichkeit zu haben, gemeinsam am Tisch zu sitzen, was wir mit unserem Sechsjährigen tatsächlich ganz gut hinbekommen.
Trotzdem ist das Frühstück eher eine flotte und unkomplizierte Variante von Genuss. Lukas freut sich über ein Müsli oder auch mal ein Brot mit gesundem Schokoaufstrich. Wir lieben Joghurt mit Früchten und Haferflocken, Porridges oder Oatmeal-Bowls. In der Lunchbox von Lukas sorgen wir für einen farbenfrohen Regenbogen: Gurken, Möhren, Äpfel und Vollkornbrot sind seine täglichen Begleiter. Und das Beste: Die Box kommt selten mit Inhalt zurück. Während der Woche isst Lukas in der Mittagsbetreuung, was bei uns zu Snacks wie einem Nussmix, Gemüsesticks, Salat oder einem Eiweißbrot mit Avocado führt. Unsere gemeinsame Hauptmahlzeit ist an Wochentagen das Abendessen. Wir haben uns hier ein Ritual geschaffen, bei dem Lukas ein entscheidender Teil ist. Schon morgens schauen wir auf unseren Wochenplan und er beginnt darüber zu philosophieren, welche Aufgaben er bei der Zubereitung übernehmen möchte. Abends wird dann geschnippelt, gequatscht, Unbekanntes getestet und nach der Herkunft der Zutat gefragt.

MAN KANN NICHT ALLES PLANEN

Wir möchten ehrlich sein: Natürlich gibt es auch bei uns nicht selten Momente, bei denen alle Philosophie und alle Vorbereitung der Gemütslage eines Kindes zum Opfer fallen. Hier haben wir gelernt: Ruhe bewahren, Spontanität beweisen und, wenn nötig, etwas anderes kochen. Auch wir Großen haben nicht immer Lust auf vorher Geplantes. Auch wir haben plötzlich kulinarische Gelüste, die wir spontan befriedigen wollen. Da darf auch Lukas gerne mal mit seinen Essenswünschen ausscheren. Morgen ist schließlich ein neuer Tag, der sicher wieder mehr nach Plan läuft!

PROBIEREN GEHT ÜBER STUDIEREN

Lukas hat natürlich Phasen, in denen er nicht gerade experimentierfreudig auf neue Lebensmittel zugeht. Und ja, bei Gemüse gibt es auch viele Momente der Nicht-Akzeptanz. Und trotzdem haben wir beobachtet, dass unsere eigene Neugier auf Essen dazu führt, dass auch Lukas offener und probierfreudiger ist. Allein der Wille zum Probieren hat seine Geschmackswelt schon jetzt unglaublich bereichert.

UNSERE TOP-5-LIEBLINGSSONGS BEIM KOCHEN

Fast so wichtig wie das Essen selbst ist uns der Spaß beim Zubereiten und Kochen. Und da gehört für uns Musik unbedingt dazu: Egal, ob beim obligatorischen Morgentanz, beim spontanen Booty-Shaken vor dem Kühlschrank oder beim Chillen auf der Couch nach getaner (Schnippel-)Arbeit …

1

ATEMLOS – HELENE FISCHER

Früher stand vor allem Christian in der Küche und gab damit auch die Musikauswahl an. Klar war, dass er als großer Helene-Fischer-Fan mindestens einen Song von ihr in der Playlist hatte. Geändert hat sich, dass das Kochen mittlerweile zu einem kleinen Familienevent geworden ist. Helene Fischer ist dabei als musikalische Begleitung allerdings nach wie vor nicht wegzudenken. Eigentlich mit dem Genre Schlager verbunden, ist ihr Song *Atemlos* eher der Pop-Richtung zuzuordnen, und so tanzen wir alle gemeinsam von der Küche ins Esszimmer und wieder zurück, wobei jeder für sich die anderen im perfekten Mitsingen übertrumpfen will. Und Christian ist glücklich, dass *Atemlos* auf der Familienplaylist einen festen Platz gefunden hat.

Rock 'n' Roll!

2

DIE AFFEN RASEN DURCH DEN WALD – SIMONE SOMMERLAND

Ein Song, der schon über 70 Jahre alt ist und den Lukas bereits als Baby geliebt hat. Ob es die Vorstellung der herumturnenden Affen ist, das Affenbaby, das am Ende die Kokosnuss geklaut hat, oder doch nur der Beat des Songs – Lukas lacht jedes Mal, wenn das Lied beginnt, und singt, in Affenpose hüpfend, lauthals mit. Wir haben auch alle unsere Rollen im Song erhalten. Christian spielt die Affenmama, ich darf der Elefant sein und Lukas ist natürlich das raffinierte Affenbaby. Er liebt auch viele andere Kindersongs, dieser liegt allerdings ganz weit vorne!

3

L'AMOUR – ROUGE ROUGE

Christian und ich sind große Freunde der Hôtel-Costes-Compilations. Wir lieben die chilligen Beats im Hintergrund, die bei uns gerne auch während des Essens laufen. In einem der Alben ist uns der Song *L'Amour* begegnet, der in den Hüften hängen geblieben ist. Mit einem Glas Wein und Kochlöffel bewaffnet, swingen wir an der Küchenzeile entlang und singen grinsend den überschaubaren Text mit unseren noch überschaubareren Französischkenntnissen mit.

4

DIE VIER JAHRESZEITEN – VIVALDI

Meine Großtante Ikaka hat dafür gesorgt, dass ich mit klassischer Musik aufwuchs. Als kleiner Bub saß ich in der Bonner Beethovenhalle und war von der Dynamik dieses Musikstils gefesselt. So viel Unterschiede in Lautstärke und Emotion habe ich bis heute in keiner anderen Musikrichtung wiedergefunden. Ich bin ein großer Fan von klassischer Musik. Vivaldis *Die vier Jahreszeiten* haben es mir dabei besonders angetan. Die Violinkonzerte strahlen so unglaubliche Lebensfreude und Kraft aus – Musik, die ich eigentlich überall hören könnte. Schön finden wir, dass Lukas auch diesem Musikstil gegenüber offen ist. Da ist es selbstverständlich, dass die ein oder andere Möhre oder Gurke auch mal als angedeutete Violine eingesetzt wird.

5

POLKA, POLKA, POLKA – BRINGS

Obwohl ich im Rheinland groß geworden bin, war ich nie der größte Karnevalfan. Nun in Bayern wohnend, freue ich mich heute sehr, wenn ich in der jecken Jahreszeit wieder häufiger den rheinischen oder kölschen Dialekt höre. Irgendwann lief dann der Song *Polka, Polka, Polka* bei uns im Badezimmer, und Lukas hatte sofort einen Ohrwurm. Mittlerweile hat es der Song vom Badezimmer auf die Familienplaylist und somit auch in unsere Küche geschafft. Die positive Nebenerscheinung ist, dass Lukas nun nicht nur Schwäbisch, sondern auch meinen heimischen Dialekt kennenlernt und gekonnt mitsingt, als wäre er dort aufgewachsen.

GESUNDE ERNÄHRUNG FÜR GROSS UND KLEIN

Mit den folgenden Infos, Tipps und Tricks aus unserer eigenen Werkzeugkiste bekommst du einen guten Überblick, was eine gesunde Kinderernährung ausmacht und wie du sie einfach umsetzen kannst.

Am Anfang schwirrten mir viele Fragen im Kopf herum: Wie kannst du eine gemeinsame Essensroutine etablieren im stressigen Alltag? Wie begeisterst du das jüngste Familienmitglied für neue Lebensmittel? Und vor allem: Worauf musst du bei der Zusammenstellung von gesunden Mahlzeiten achten?

BUNT IST TRUMPF

Wir alle benötigen Nährstoffe wie Kohlenhydrate, Vitamine und Mineralstoffe, damit unser Körper gesund und fit bleibt und uns gut durch den Tag bringt. Für Kinder ist dies umso wichtiger, denn sie befinden sich noch im Wachstum und sind ständig in Bewegung. Bei ihnen wäre ein Mangel der grundlegenden Nährstoffe fatal. Aber keine Sorge, du brauchst nun nicht ellenlange Tabellen mit dem Nährstoffgehalt der einzelnen Lebensmittel zu wälzen oder alles aufs Gramm genau abzuwiegen. Es gibt eine wunderbar einfache Faustregel, die dich und deine Lieben gesund durch den Tag bringt: Bunt ist Trumpf. Frisches grünes Gemüse, rote Beeren, gelbe Mango, grüne Erbsen … Der Regenbogen auf dem Familienteller gewährleistet Ausgewogenheit, aber auch Abwechslung, was die Versorgung mit Vitaminen, Mineral- und Ballaststoffen angeht.

EAT THE RAINBOW

Lass dich von der bunten Farbpalette des Regenbogens inspirieren. Du kannst bei der Auswahl der Lebensmittel auch deine Kinder mit einbeziehen, etwa schon beim Einkauf.
▸ Die Aufgabe: Stelle einen möglichst farbenfrohen Einkaufskorb zusammen!

Blau: Rotkohl, Blaubeeren, Brombeeren, Pflaumen
Rot: Tomaten, Paprika, Erdbeeren, Himbeeren, Wassermelone
Orange: Möhren, Süßkartoffeln, Kürbis, Orangen, Physalis, Aprikosen
Grün: Blattspinat, Brokkoli, Erbsen, Salate, Gurken, Avocados, Kiwis, Trauben
Braun: Zwiebeln, Pilze, Kartoffeln
Weiß: Blumenkohl, Knoblauch, Rettich

WELCHE LEBENSMITTEL SONST NOCH WICHTIG SIND

Nun sollten zwar vor allem Obst und Gemüse auf den Tisch kommen, aber nicht nur. Denn ein kleiner Wirbelwind hat darüber hinaus auch einen hohen Energiebedarf. Weitere wichtige Lebensmittel, die eine abwechslungsreiche Familienküche ausmachen:

- **Vollkornprodukte wie Brot oder Nudeln:** Sie dienen den Kindern als zuverlässige und schnelle Energiequelle. Das volle Korn enthält nicht nur komplexe Kohlenhydrate, die besonders lange satt machen und den Blutzuckerspiegel nicht nach oben treiben, sondern auch wichtige Vitamine (vor allem B1), Mineralstoffe und Ballaststoffe.
- **Milchprodukte wie Joghurt und Frischkäse:** Sie sind reich an Kalzium und Vitamin D, was beides elementar für das Knochenwachstum ist, und liefern darüber hinaus wichtige Proteine für den Muskelaufbau.
- **Seefisch wie Lachs:** Er enthält ebenso wie Milchprodukte gesundes Eiweiß und Vitamin D. Darüber hinaus können fette Fische mit essenziellen Omega-3-Fettsäuren punkten, die u. a. eine gesunde Gehirnentwicklung unterstützen und entzündungshemmend wirken.
- **Eier:** Sie liefern Vitamine, Mineralstoffe, Fette sowie natürlich Eiweiß und sind damit eine tolle Energiequelle für zwischendurch.
- **Geflügel und anderes Fleisch:** Auch Fleisch liefert reichlich Proteine, die der kindliche Organismus so dringend für das Wachstum benötigt. Neben Fett als Energiequelle enthält es auch Eisen (wichtig für die Bildung von roten Blutkörperchen), Zink (gut für das Immunsystem) und Vitamin B12 (wichtig für die Bildung von roten Blutkörperchen und den Energiestoffwechsel).
- **Kerne, Nüsse und Samen:** Sie enthalten viele ungesättigte Fettsäuren, die u. a. gut für die kognitive Entwicklung sind, Ballaststoffe (für eine gesunde Verdauung) sowie Mineralstoffe und Vitamine. Eine tolle Ergänzung des Speiseplans!

WASSER, WASSER, WASSER ... UND TEE

Wasser (ob still oder mit Blubber) sowie ungesüßte Kräuter- und Früchtetees sollten bevorzugt werden, um den Flüssigkeitsbedarf des Kindes zu decken. Fruchtsäfte dürfen natürlich auch mal ins Glas, dann aber möglichst stark verdünnt, da sie einiges an Zucker enthalten. Dass du auf Limonaden besser ganz verzichtest, müssen wir hier wohl gar nicht erst erwähnen. Und auch Cola sollte – nicht zuletzt wegen des enthaltenen Koffeins – für Kinder tabu sein.

AUF DAS MASS ACHTEN

Während es bei Gemüse kein Zuviel gibt, solltest du bei anderen Lebensmitteln durchaus ein gesundes Maß im Auge haben. So enthält Obst (besonders süße Sorten) viel Fruchtzucker, der ähnlich wie Industriezucker das Risiko für Diabetes, Karies und Fettleibigkeit erhöhen kann. Ähnlich verhält es sich mit den Kohlenhydraten, die im Körper in Glukose umgewandelt werden. Und tierische Produkte sind reich an gesättigten Fettsäuren, die sehr kalorienreich sind und so zwar eine gute Energiequelle darstellen, im Übermaß jedoch ebenso zu Fettleibigkeit und anderen Krankheiten beitragen können. Auch hier gilt die Regel: Gestalte den Speiseplan möglichst bunt. Biete von allem etwas an, dann kannst du kaum etwas falsch machen.

FRISCH IST (FAST) IMMER BESSER

Früher gab es bei uns häufig Tiefkühlprodukte. Seit wir uns aber mit gesunder Ernährung auseinandersetzen – also seit Lukas bei uns eingezogen ist –, versuchen wir, so oft wie möglich frisch und selbst Zubereitetes auf den Tisch zu bringen und auf Fertiggerichte zu verzichten. So wissen wir, was wirklich in unseren Gerichten steckt, und haben den Überblick über eingesetzten Zucker und andere Zusätze wie Gewürze. Auch enthalten die frischen Produkte mehr Nährstoffe, die beim Verarbeitungsprozess schnell verlorengehen. Einzige Ausnahme: TK-Obst und -Gemüse (aber auch hier nicht die gewürzte oder verarbeitete Variante!) enthält fast genauso viele Vitamine und Nährstoffe wie frische Produkte, wenn nicht sogar noch mehr. Der Grund ist der, dass sie direkt nach der Ernte eingefroren werden, während ihre Verwandten aus der Gemüseabteilung oft schon einige gesunde Komponenten während Transport und Lagerung eingebüßt haben. Mal abgesehen davon, dass diese TK-Produkte in einem hektischen Alltag oft die absolute Rettung darstellen, wenn nicht mehr viel Energie für Schnippelarbeit übrig ist. Wenn du die Möglichkeit hast, Lebensmittel direkt vom Erzeuger zu bekommen, dann nutze sie unbedingt – sie sind der Supermarktware auf jeden Fall vorzuziehen.

SÜSSES UNTER DER LUPE

Ganz klar ist es sinnvoll, auf den Einsatz von Haushaltszucker ein Auge zu haben. Schließlich ist er der Hauptverantwortliche für Karies, Übergewicht und weitere unbequeme Folgen, die du deinem Kind wahrscheinlich lieber ersparen möchtest. Wenn er hin und wieder zum Einsatz kommt, etwa in den geliebten Muffins, ist das aber trotzdem okay. Wir verwenden auch gerne Agavendicksaft, Rohrohrzucker und Kokosblütenzucker, die alle nicht so stark verarbeitet sind wie raffinierter Zucker und dadurch über gesunde Nährstoffe verfügen – wenn auch zugegebenermaßen nur in geringen Mengen. Agavendicksaft und Kokosblütenzucker haben darüber hinaus auch einen niedrigeren glykämischen Index, was bedeutet, dass sie den Blutzuckerspiegel nicht so stark ansteigen lassen. In der Folge kommt es auch nicht so schnell wieder zum (kalorientechnisch) gefährlichen Heißhunger.

NUR IN AUSNAHMEFÄLLEN ...

Wir sind keine Superhelden, und auch wir greifen mal zum gekauften Müsliriegel, wenn es schnell gehen

TIPP!

Gemeinsam isst man weniger allein: Wenn das Essen zum Familienritual wird, lernen Kinder einen entspannten Umgang mit dem Thema „Essen“.

ACHTUNG!

Honig ist zwar an sich eine gute Alternative zu Zucker, da er reich an Spurenelementen, Vitaminen und Mineralstoffen ist, jedoch solltest du ihn bei Kindern unter zwölf Monaten noch im Schrank lassen. Der Grund: Im Honig können sich Sporen bilden, die beim Baby zum Säuglingsbotulismus führen können, der lebensgefährlich ist. Nach einem Jahr ist der kindliche Organismus in der Lage, die fraglichen Bakterien selbst unschädlich zu machen.

muss und der Hunger groß ist. Dennoch sollten gekaufte Snacks und Fast Food die absolute Ausnahme sein, denn sie stecken meist voller (versteckter) Zucker, ungesunder gesattigter Fettsäuren (besonders ungünstig sind dabei Transfette, die in Keksen, Gebäck, Chips usw. vorkommen) sowie Konservierungsstoffe. Alles Dinge, die auf lange Sicht und vor allem im Übermaß zu gesundheitlichen Problemen führen können.

IMMER FÜR NÄHRSTOFF-NACHSCHUB SORGEN

Achte darauf, dass dein Kind regelmäßig und ausreichend isst, um seinen hohen Bedarf an Nährstoffen zu decken. Snacks wie Gemüsesticks, Obst oder Nüsse sind dabei eine gute Alternative zu Süßigkeiten und Chips. Wir haben für den Heißhunger zwischendurch immer ein paar Notfall-Snacks im Gepäck, wie Cracker oder einen Apfel. So bleibt auch die Stimmung (meist) auf einem hohen Level!

NEUES AUF DEN TISCH BRINGEN

Wir bieten Lukas immer mal wieder neue Lebensmittel an. Es macht uns besonders Spaß, gemeinsam die Lebensmittelabteilung zu durchstöbern und uns zu wundern, wie jenes fantastisch anmutende Obst wohl zu schälen sei und für welches Gericht sich diese lustige Nudelform am besten eignen könnte. Dadurch, dass wir ihn in die Auswahl einbinden, empfindet Lukas es als Entdeckungsreise und nicht als Gefallen, den er uns tut, wenn er später von einem undefinierbaren Etwas kosten soll.

DER KOCHPROZESS

Apropos einbinden: Genau das machen wir natürlich nicht nur beim Einkauf, sondern auch in der Küche. Je nach Gericht, Alter des Kindes und zur Verfügung stehender Zeit kann man entscheiden, welche Aufgaben geteilt oder sogar ganz übernommen werden können. So fällt es dann auch leichter, das eigens Fabrizierte dem Nachwuchs zu „verkaufen", auch wenn es vielleicht keinen Schönheitswettbewerb gewinnen würde. Und schmecken tut's gleich doppelt so gut, wenn man selbst beim Schnippeln dabei war!

GEMEINSAME MAHLZEITEN ALS INSELN IM ALLTAG

Wenn wir uns an den Esstisch setzen, ist ganz klar: Jetzt ist Essenszeit. Ablenkungen wie Handys und Fernseher werden ausgeschaltet. Einzige Ausnahme bei uns: Wir haben gerne entspannte und unaufgeregte Hintergrundmusik laufen, die aber nicht die Aufmerksamkeit auf sich zieht. Also keine Kinderhitparade starten! Das gemeinsame Essen ist ein etabliertes Ritual geworden, echte Family-Zeit, die wir alle drei genießen. Und genau so sollte es sein. Auch wichtig ist, dass es eine gewisse Regelmäßigkeit gibt. So kann das Abendessen stets zu einer bestimmten Uhrzeit stattfinden oder immer, wenn ein Elternteil von der Arbeit kommt.

AUSSERHALB DER FAMILIE

Manches hast du nicht in der Hand, da deine Kleinen z. B. mittags in der Kita versorgt werden oder auch mal bei Freunden essen? Na, das ist doch wunderbar: eine Mahlzeit weniger, um die du dir Gedanken machen musst. Und vielleicht bringen deine Kinder ja auch Anregungen für neue Gerichte mit nach Hause. Eine Win-win-Situation!

Stimmung. Das Kind isst beim gemeinsamen Abendessen nicht so viel, wie du denkst, dass es bräuchte? Keine Panik! Vielleicht nascht es im Kindergarten regelmäßig von den Snacks anderer Kinder. Die sonst so geliebten Apfelschnitze bleiben unangetastet auf dem Teller liegen? Keine Sorge. Vielleicht beginnt gerade eine neue Phase, in der sich in ein anderes Obst verguckt wird. Druck und Angst haben in solchen Situationen noch nie weitergeholfen. Einmal durchatmen, morgen ist wieder ein neuer Tag. Perfekt ist unmöglich! Eine gesunde und ausgewogene Ernährung hört sich hier auf dem Papier vielleicht ganz einfach an, aber glaub uns: Perfekt ist die kleine Schwester von Nervenzusammenbruch – und den kann wirklich niemand gebrauchen!

EIN TISCH, EIN GERICHT

Wir sind große Fans von der Idee, dass jeder am Tisch dasselbe isst. Das ist bei uns mittlerweile möglich, da Lukas nun schon etwas größer ist. Bei kleineren Kindern ist das aber durchaus auch machbar. So kann die gemeinsame Gemüsebeilage für kleinere Mäuler püriert oder extraweich gekocht werden, während es für die Großen mit mehr Biss schon vorher aus dem Kochwasser genommen und separat gewürzt wird. Das spart Arbeit und schafft ein Gemeinschaftsgefühl am Tisch.

DAS WICHTIGSTE: LOCKER BLEIBEN

Denn das macht sich auch in einer entspannten Stimmung am Tisch bemerkbar. Der kleinste Esser verweigert partout den obligatorischen Probierhappen eines unbekannten Lebensmittels? Dann eben beim nächsten Mal! Vielleicht ist er heute einfach nicht in

DEN KLEINEN EIN VORBILD

Klar, manchmal greifen wir heimlich auch mal zur Schokolade, wenn Lukas gerade nicht hinguckt oder schon am Schlummern ist. Aber mal ehrlich: Fällt es nicht leichter, eine gesunde und ausgewogene Ernährung zu predigen, wenn man auch wirklich daran glaubt und selbst danach lebt? Dann kann man auch die Kleinen einbinden, wenn man mal eine Ausnahme macht und einen süßen Snack einschiebt – und das sogar mit gutem Gewissen.

HIER NOCH EIN PAAR TRICKS FÜR DEN ALLTAG

- Als „Vorspeise" immer Gemüse oder einen Salat auf den Tisch bringen, so wird der erste Heißhunger schon mit etwas Gesunden gestillt.
- Zum Probieren von noch unbekannten Lebensmitteln erst mal nur kleine Portionen anbieten.
- Immer eine Lieblingszutat auf dem Teller platzieren, denn in dieser Kombi wird erfahrungsgemäß auch Neues oder Unbeliebteres eher angenommen.
- Wenn eine Sache wiederholt nicht gut ankommt, können auch Unverträglichkeiten oder Allergien dahinterstecken. Wenn dieser Verdacht besteht, am besten ärztlich abklären lassen!

Inspirationen bieten z.B. unsere Rezepte auf den Seiten 55 und 155

MIT DEM ESSEN SPIELT MAN NICHT?

Doch, wir schon! Das heißt natürlich nicht, dass bei uns Kartoffelpüree durch die Luft fliegt (meistens jedenfalls nicht). Es geht uns vielmehr darum, dass Lukas einen spielerischen Zugang zum Essen findet. Ein Radieschen, das zu einer Spitzmaus geschnitzt wurde, oder Mini-Sandwiches, die auf Spießchen stecken, oder Obst, das mit Plätzchenausstechern eine lustige Form erhält ... Der Fantasie sind keine Grenzen gesetzt.

UNSERE TOP-5-ZUTATEN: ECHTE ALLROUNDER

Es gibt Zutaten, die sind bei uns immer vorrätig – seien es Grundnahrungsmittel oder Lieblingsprodukte. Vor Lukas fand sich ein Großteil unserer Einkäufe in der Tiefkühltruhe wieder. Heute verteilen sie sich über die ganze Küche.

1 NUDELN

Wir alle drei lieben Nudeln. Lustig ist, dass jeder von uns ein ganz spezieller Nudel-Typ ist: Christian mag vor allem Rigatoni, ich bin der Fusilli-Liebhaber, Lukas präferiert Spaghetti (... ob sich hieraus psychologisch etwas ableiten lässt?!). Herkömmliche Nudeln haben einen schlechten Ruf, was aber gar nicht sein müsste. In ihnen stecken einfach eine Menge Kohlenhydrate, die man aber zum Beispiel gut mit Gemüse kombinieren kann. Vollkornnudeln haben nicht wesentlich weniger Kalorien, dafür einen deutlich höheren Gehalt an Ballast- und anderen wertvollen Nährstoffen (siehe Seite 14). Wer Nudeln mit weniger Kohlenhydraten, mehr Ballaststoffen und Eiweißgehalt kochen möchte, der verwendet leckere Pasta aus Hülsenfrüchten. Diese ist obendrein auch noch glutenfrei und vegan.

2 GEMÜSEPASTE

Früher würzten wir häufig mit Instantgewürzen und Geschmacksverstärkern wie Glutamat. Die Gewöhnung führte dazu, dass wir immer mehr davon verwendeten oder kaum mehr ohne auskamen. Gesund war das sicherlich nicht. Schon vor Jahren fanden wir aber eine gute Alternative: selbst gemachte Gemüsepaste. Heute ist diese nicht mehr aus unserem Kühlschrank wegzudenken. Du kannst sie für jedes Gericht verwenden, das du normalerweise mit Gemüsebrühe und Co. würzen würdest. Der große Vorteil: Es stecken nur gesunde Zutaten drin, und die Paste kommt völlig ohne künstliche Geschmacksverstärker aus. Sie ist monatelang haltbar, und du kannst sie auch gut portionsweise einfrieren. Du findest das Rezept für unsere Gemüsepaste auf Seite 73.

3

AVOCADO

In unserer Kindheit waren Avocados, die tatsächlich zu den Beeren gehören und somit als Obst zählen, ein absolutes Luxusgut. Wir können uns nicht daran erinnern, dass wir sie in jungen Jahren überhaupt gegessen haben. In den vergangenen Jahrzehnten hat die Avocado einen Boom als Superfood erlebt. Mit einem hohen Anteil an ungesättigten Fettsäuren und einem ebenso hohen Vitamin- und Mineralstoffgehalt ist sie von unserem Speiseplan nicht mehr wegzudenken. Ob zum Beispiel in einer leckeren Guacamole verarbeitet (siehe Seite 155) oder einfach mit Salz und Pfeffer auf einer Scheibe Eiweißbrot, die Superfrucht ist aus unserer Küche nicht mehr wegzudenken.

4

JOGHURT ODER SKYR

Man kann es nicht anders sagen: Wir sind Fans von Joghurt! Es vergeht kaum ein Tag, an dem er nicht in irgendeiner Form auf unserem Tisch steht – ob in der Naturvariante mit Müsli, als Snack mit Früchten oder als Zutat beim Kochen. Ihr werdet in unserem Kühlschrank immer Joghurt, vor allem aber Skyr (ein isländisches Milchprodukt) finden. Während wir früher immer fertig gesüßte Varianten gekauft haben, sind wir dazu übergegangen, vor allem Naturjoghurt oder -skyr zu kaufen und diesen nach Belieben selbst mit Früchten oder ein paar Tropfen Ahornsirup zu süßen.

5

HAFERFLOCKEN

Das Vollkorn-Getreideprodukt steht tatsächlich noch gar nicht so lange auf unserem ständigen Speiseplan. Natürlich waren die nussigen Flocken auch früher schon in unserem Müsli, dass wir aber eine ganze Packung Haferflocken gekauft hätten, kam eher selten vor. Dabei haben wir sie inzwischen tatsächlich lieben gelernt. Nachdem vor allem ich damit begonnen habe, Porridge oder Overnight Oats frisch zuzubereiten, kommen wir an Haferflocken nicht mehr vorbei. Total lecker schmeckt auch Granola, eine Art Knuspermüsli aus gebackenen Haferflocken, Honig und Nüssen. Der größte Vorteil ist aber, dass Haferflocken lange satt machen. So startet der Tag mit einem guten, gesättigten Gefühl.

UNSER SCHNELL-COACHING FÜR DIE FAMILIENKÜCHE

Geht es bei dir zu Hause auch gerne mal drunter und drüber, wenn das Essen ansteht? Wir kennen das nur zu gut. Aus unseren Erfahrungen haben wir ein Mini-Coaching zusammengestellt, das dich gut durch die Woche bringt.

MACH DIR EINEN WOCHENPLAN

Einkaufen als Paar war bei uns immer eine spontane Aktion. Was sind wir durch die Gegend gefahren, weil wir mal wieder kurz vor knapp Zutaten für unser Abendessen besorgen mussten oder weil uns genau die eine wichtige Komponente fehlte! Wenn wir richtig gut waren, hatten wir vorm Einkaufen dann doch mal eine Einkaufliste erstellt und kamen so mit weniger Unsinn nach Hause. Aber das war eben die große Ausnahme. Dieses planlose Vorgehen war weder zielführend noch nachhaltig. Und so war klar, dass sich das mit Kind ändern musste. Wer uns schon länger bei Instagram folgt, der weiß, dass wir große Freunde des Planens geworden sind. Pläne sehen nicht nur schön aus, sie erfüllen, wenn man es richtig macht, tatsächlich auch ihren Zweck. Das hat weniger mit Spießigkeit als vielmehr mit einer Vereinfachung des Alltags und erspartem Stress zu tun.

MIT SPASS PLANEN

Schon die Erstellung des Wochenplans, meistens freitags, wird bei uns zu einem kleinen Event. Wir sitzen alle zusammen vorm Laptop und schauen uns Bilder von leckeren Gerichten an. Hier beginnt bereits unsere Steuerung hin zu leckerem und gesundem Essen. Christian und ich suchen nämlich meist schon vorher eine Handvoll Gerichte aus und lenken so die finale Auswahl. Beim Anschauen der Bilder läuft uns allen bereits das Wasser im Mund zusammen, und wir freuen uns auf das gemeinsame Kochen. Und dann kommt plötzlich doch eine völlig andere Idee oder ein neuer Wunsch auf, was natürlich seinen Platz auf dem Plan findet.

DAS MEDIUM DEINER WAHL

Unser Wochenplan entsteht am Laptop. Deiner Kreativität sind hier allerdings keine Grenzen gesetzt. Es tut natürlich auch die herkömmliche analoge Version, auf Papier geschrieben oder aufgeklebt. Manche arbeiten auch mit kleinen Karteikarten. Diese kann man an einer Pinnwand oder am Kühlschrank befestigen, bei Bedarf auf dem Wochenplan tauschen und nach Gebrauch wiederverwenden. Für kleinere Kinder finden wir eine Magnettafel toll, auf der man die benötigten Lebensmittel einfach in Form von Magneten anbringt. Dabei geht es weniger um die detaillierte Planung, sondern darum, dass die Kleinen direkt sehen können, auf was für ein buntes und abwechslungsreiches Essen sie sich freuen können.

DIE GANZE WOCHE IM BLICK

Zu Beginn ging es uns nur darum, mit dem Wochenplan für jeden Abend eine Essensidee zu haben und uns nicht gegen 15:00 Uhr mal wieder die Frage zu stellen, WAS wir denn heute essen wollen. Mit der Zeit perfektionierten wir unsere Planung. Plötzlich ergaben die Gerichte auch tageübergreifend einen Sinn: Da wurden übrig gebliebene oder bewusst mehr gekochte Bestandteile vom Vortag weiterverwertet. (Basis-) Lebensmittel in einer Woche mehrfach zu nutzen, erspart beim Einkauf Zeit, da man so nicht immer nach 50 unterschiedlichen Zutaten suchen muss. Ein ausgeklügelter Wochenplan ist dementsprechend auch eine wichtige Voraussetzung für einen praktischen und zeitsparenden Einkaufszettel: Diesen kannst du dann nach Abteilungen strukturieren, sodass die Laufwege im Supermarkt deines Vertrauens kurzgehalten werden können, was wiederum für Entspannung beim Einkaufen sorgt. Und vergessene Zutaten gehören damit der Vergangenheit an – meistens jedenfalls!
Der Kreativität sind beim Erstellen des Wochenplans und dessen Umsetzung jedenfalls keine Grenzen gesetzt. Wir probieren auch immer mal wieder neue Vorgehensweisen aus. Im Endeffekt muss er zu deinen individuellen Vorlieben und deinem Alltag passen. Vielleicht wäre es zum Beispiel eine Idee, an festen Wochentagen bestimmte Gerichte zu kochen, also etwa montags immer Pasta, mittwochs eine Bowl, freitags Fisch. Wir haben es ausprobiert, uns hat es etwas zu sehr eingeschränkt. Manchem aber hilft so eine Routine, deshalb wollten wir dir diese Herangehensweise nicht vorenthalten. Möglicherweise passt sie ja gut zu deinem persönlichen Wochenplan-System.

BLEIB AM BALL

Zu Beginn war es für uns nicht ganz einfach, das Konzept eines Wochenplans in unseren Alltag zu integrieren. Immerhin ging es darum, ein seit Jahren bestehendes Nicht-System in eine ausgearbeitete Planung zu verwandeln. Schnell stellte sich aber eine gewisse Routine ein, und je länger wir mit dem Wochenplan arbeiteten, desto entspannter wurden wir beim Kochen.

> **TIPP!**
> Soweit es geht, werden Verpflichtungen, Verabredungen oder die Abwesenheit von einem von uns ebenfalls mit eingeplant.

SEI BEREIT, DEN PLAN ZU VERWERFEN

Wir haben über die Zeit gelernt, dass ein Wochenplan großartig ist, da er vor allem Stress und ganz viel Zeit spart. Was aber, wenn unverhofft der unberechenbare Faktor Kind dazukommt? Was, wenn der Tag plötzlich anders verläuft und Änderungen im Ablauf oder auch spontane Gemütsveränderungen das so großartig Geplante über den Haufen werfen? Sollten wir jetzt krampfhaft den Plan durchziehen und an dem für heute angedachten Gericht auf Teufel komm raus festhalten? Einfache Gegenfrage: Warum sollten wir?

SEI FLEXIBEL

Heute wissen wir, dass das Elterndasein in fast allen Lebenslagen mit ganz viel notwendiger Flexibilität verbunden ist. Standen Möhren eben noch hoch im Kurs, sind sie plötzlich das Lebensmittel non grata. War gestern Kartoffelpüree noch ein Kracher, wird es heute naserümpfend zur Seite geschoben. Wenn man jetzt mit Unverständnis und Vehemenz seinem Kind gegenüber auftritt, ist die Stimmung sofort im Keller. Auch hier gilt es, Ruhe zu bewahren und erst mal tief durchzuatmen.

DIE EINKAUFSLISTE

Neben der Erstellung des Wochenplans wollten wir Lukas schon früh auch beim Einkauf der Zutaten involvieren, und so druckten wir Bilder der benötigten Lebensmittel aus und klebten sie auf die Einkaufsliste, als er noch kleiner war. Stolz lief er in den Supermarkt, immer auf der Suche nach den Dingen, die auf seiner Liste klebten. Heute kennt er sich in den von uns besuchten Supermärkten bestens aus und weiß meistens genau, was er wo findet.

DIE ALTERNATIVE STEHT SCHON BEREIT

Das Tolle am Wochenplan: So schnell er erstellt ist, so schnell ist er auch wieder verworfen. Und gleichzeitig haben wir eine Alternative parat, denn wir haben ja schon eine ganze Menge an Zutaten zu Hause. Wenn es also darum geht, dass das geplante Gericht nicht dem heutigen Geschmacksempfinden, unserer Lust oder Laune entspricht, dann lässt sich einfach das Gericht eines anderen Tages vorziehen. Alternativ schauen wir, ob wir aus den vorhandenen Lebensmitteln etwas ganz anderes zaubern können.

KEINE EXTRAWÜRSTE

Teil des Rahmens, den wir als Eltern vorgeben, ist, dass wir kein Extragericht für Lukas kochen, nur weil er heute mal keine Lust auf irgendeine Zutat hat. Entweder kochen wir für alle eine Alternative, oder es gibt für ihn noch die Brotzeit-Lösung. Und natürlich bestätigen Ausnahmen auch hier die Regel: Bei Krankheit oder unvorhergesehenen Ereignissen kann es gut sein, dass wir komplett vom Plan abweichen.
Aber um ehrlich zu sein, kommt eine Umplanung oder Alternative seit Einsatz des Wochenplans tatsächlich selten vor. Lukas ist an so vielen Stellen aktiv involviert, dass er sich mit den Gerichten und Lebensmitteln wirklich auseinandersetzt. Ab und zu passiert es, dass er eine einzelne Komponente mal nicht mag, die er dann einfach nicht auf den Teller bekommt oder eben liegen lässt. Dass gleich ein ganzes Gericht komplett durchfällt, ist dagegen selten der Fall!

MACHE ES ZU DEINEM PLAN

Der Wochenplan soll eine Unterstützung, eine Vereinfachung für dich sein. Er soll kein starres Gerüst, keine Regel sein, an die du dich strikt halten musst oder die dir im Endeffekt ein schlechtes Gewissen macht. Du bestimmst, wie flexibel alles zu halten ist. Achte einfach darauf, dass dein Kind deinem vorgegebenen Rahmen folgen kann und diesen versteht. Du wirst sehen, der Wochenplan wird dir bei der täglichen Umsetzung von gesunder Ernährung maßgeblich helfen.

UNSERE TOP-5-RESTEREZEPTE

Wir alle kennen das Problem mit Übriggebliebenem: Entweder war die Menge nicht für unseren Hunger ausgelegt, einer von uns fällt als Esser weg, oder es schmeckt einfach nicht wie erwartet. Oder aber wir haben bewusst mehr gekocht, weil wir am nächsten Tag eines unserer leckeren Resterezepte zubereiten wollen!

1

GESCHÜTTELTE PIZZA

Irgendetwas ist übrig geblieben? Gemüse, Eier, Wurst und Käse? Alles wird bei dieser Pizzavariante wiederverwertet. Einfach einen fertig gekauften Pizzateig (oder einen selbst gemachten, siehe Seite 95) auf einem mit Backpapier belegten Blech ausrollen und einen Schöpflöffel Tomatensauce darauf verteilen. Alle Zutaten für den Belag klein schneiden, in eine verschließbare Box füllen und kräftig schütteln (der Name ist quasi Programm). Anschließend alles auf dem Teig verteilen, nach Belieben würzen und im Backofen bei 220 °C Ober- und Unterhitze in 25–30 Minuten knusprig backen.

2

ASIATISCHE NUDELPFANNE

Mal wieder zu viele Nudeln gekocht? Kein Problem! Einfach mit etwas klein geschnittenem Gemüse (bei Bedarf aus der Tiefkühltruhe), je 1 fein gehackte Zwiebel und Knoblauchzehe, etwas Öl und 1 EL Sojasauce in einer Pfanne anbraten. Der Verfeinerung sind bei diesem Gericht dann kaum Grenzen gesetzt: Wie wäre es mit etwas frisch geriebenem Ingwer, gehackten Cashewkernen, etwas angebratenem Hähnchenbrustfilet oder fein gehackter Chilischote?

3 PESTO-PENNE ALS SALAT

Wenn Nudeln mit selbst gemachtem Pesto (siehe Seiten 130–133) auf dem Programm stehen, ist es ein ungeschriebenes Gesetz, dass wir immer mehr machen, als wir bei einer Mahlzeit essen können. Das Gericht schmeckt nämlich am nächsten Tag, mit gut durchgezogenem Pesto, auch als kalter Salat fantastisch. Einfach in eine wiederverschließbare Box geben und für die Mittagspause in den Kindergarten, in die Schule oder zur Arbeit mitnehmen – Pesto-Penne ist definitiv eines unserer liebsten Meal-Prep-Rezepte!

4 GEBRATENER REIS

Dieses Gericht kennen wir noch aus unserer Jugend. War mittags, wenn wir von der Schule heimkamen, mal nicht gekocht, musste eine selbst gezauberte, schnelle Alternative her. Da war Reis mit Gemüse und Ei ein sehr einfacher und willkommener Hungerstiller. Heute verarbeiten wir hier gerne Reste vom Vortag. Wenn also Reis und Gemüse übrig geblieben sind, dann kommt beides mit ein paar verquirlten Eiern bei mittlerer Hitze in eine große Pfanne. Umrühren, das Ei stocken lassen und fertig. Wer ein komplett neues Gericht zaubern möchte, brät dazu noch einige Rindfleisch- oder Hähnchenbruststreifen an.

WICHTIG!

Gekochte Reste sollten immer im Kühlschrank aufbewahrt und innerhalb von etwa 3 Tagen verbraucht werden.

5 PLÜNDER-OBSTSALAT

Das Obst muss weg, bevor es matschig wird? Kein Problem, wie wäre es mit einem Reste-Obstsalat? Je bunter, desto mehr Vitamine! Zuerst das Obst in kleine Stücke schneiden. Hast du vielleicht eine Orange, eine Grapefruit oder eine Zitrone übrig? Dann verwende ihren Saft als leckeres Dressing. Im Vorratsschrank finden sich noch ein paar Nüsse oder etwas Granola? Dann einfach drüberstreuen und mit etwas Agavendicksaft oder Ahornsirup abrunden. Nach Belieben gibt es dazu einen Klecks Frischkäse, Skyr oder Joghurt. Du möchtest eine sommerliche Note? Mit frischer Minze bekommt der Obstsalat einen richtigen Sommer-Boost! In der kälteren Jahreszeit dagegen schmeckt Zimt sehr fein dazu!

AUSNAHMEN BESTÄTIGEN DIE REGEL

Als völlige Eltern-Greenhorns begaben wir uns mit unserem damals einjährigen Sohn sowie mit Koffern voller Windeln, Milchpulver und Co. auf eine sechzehntägige Schiffsreise. Und ich muss zugeben: Ich war auf dieser Reise der wahrscheinlich unentspannteste Papa der ganzen Welt. Jeden Tag führten die unterschiedlichen Auffassungen von Vater und Sohn, wie das abendliche Essen auszusehen habe, zu protestartigen Gemütszuständen auf beiden Seiten. War ich für bunte und gesunde Speisen, war Lukas auf Fischstäbchen und Pommes vom Kinderbüfett aus. Unsere Mitreisenden lehnten sich irgendwann zurück, gönnten sich ein Glas Wein und verfolgten das tägliche Schauspiel des Protests.

AUSNAHMEN GIBT ES IMMER

Es war wie ein Freistrampeln für mich, zu akzeptieren, dass jeder vorgegebene Rahmen für ein Kind auch unbedingt Ausnahmen benötigt. Urlaub oder die Zeit bei den Großeltern entsprechen eben nicht dem Alltag. Hier geschehen Dinge, die zu Hause nicht auf der Tagesordnung stehen. Und was soll ich sagen? Heute bin ich im Urlaub wohl einer der entspanntesten Väter. Wenn Lukas sich zur Hauptmahlzeit vorrangig an Pommes und Fischstäbchen bedient, dann lasse ich das zu, in dem Wissen, dass der Speiseplan zu Hause wieder ganz anders aussieht. Denn sind wir mal ehrlich: Auch für uns Eltern ist der Urlaub ein Ausbrechen aus dem Alltag! Lassen wir also auch den Kindern ihren Spaß!

DEN RAHMEN VORGEBEN

Wichtig ist, dass wir Lukas den richtigen Freiraum geben. Wir müssen mit seiner Antwort auch umgehen können, wenn wir ihn fragen, was er essen will, und sie dann nicht einfach beiseiteschieben. Wie oft haben wir miterlebt, dass Eltern ihre Kinder vor dem Büfett stehend fragen: „Was wollt ihr essen?" Die Antwort „Pommes" wurde dann mit „Nein, die gibt es nicht" quittiert. Gleiches passiert immer wieder vor Getränkeautomaten mit zuckerhaltigen Kaltgetränken. Solange wir als Eltern den Rahmen nicht definieren oder zeigen, dass man aus diesem ausbrechen darf, werden die Kleinen unseren Rahmen auch nicht akzeptieren. In der Folge stehen immer wiederkehrende Diskussionen an der Tagesordnung. Wollen wir nicht, dass Lukas Cola trinkt, sagen wir bewusst vor dem Getränkeautomaten: „Was möchtest du außer Cola trinken?" Und schon hat er das Gefühl, dass er innerhalb unseres vorgegebenen Rahmens selbst wählen kann. Wir schützen Lukas und helfen ihm bei seiner Entwicklung, indem wir ihn an die Hand nehmen und beim Entdecken von gesunder Ernährung begleiten. Auch bei Ausnahmen empfinden wir es als wichtig, über diese zu sprechen. Warum ist es möglich, im Urlaub vieles anders zu machen? Warum darf man bei Omi auch mal mehr Schokolade essen? Lukas akzeptiert diese Sonderregelungen und versteht, dass es sich um Ausnahmen handelt.

„DU ISST, WAS AUF DEN TISCH KOMMT!"

Wir sind beide noch in der Zeit aufgewachsen, in der gegessen wurde, was auf den Tisch kam. Mit unserem Sohn sind wir auch in dieser Hinsicht recht entspannt. Spätestens, wenn wir merken, dass ihm das Gekochte so gar nicht schmeckt, muss er es auch nicht essen. Auch uns schmeckt nicht immer alles, und im Gegensatz zu früher würden wir es heute nicht trotzdem aufessen. Wir kochen dann aber auch nicht doppelt, es sei denn, es gäbe ein völlig abgefahrenes „Eltern-Essen" wie Kutteln oder Austern – mögen wir beide nicht, fiel mir nur gerade als besonders anschauliches Beispiel ein. Wenn Lukas ein Gericht mal nicht mag, dann gibt es eben eine Brotzeit mit seiner Lieblingswurst, Gurken- und Paprikastücken.

BEWUSSTE AUSNAHMEN SIND DER WEG

Die Häufigkeit der Ausnahmen haben – abgesehen von Urlauben oder Besuchen bei den Großeltern – viel mit den Phasen der Entwicklung des Kindes zu tun. Die Akzeptanz von Probieren oder Liegenlassen, von Entdeckergeist oder dem Umgang mit Gewohntem steht und fällt mit dem Alter, Gemütszustand und der Tagesform. Unser Weg der bewussten Ausnahmen hat uns bis heute viele Diskussionen und überbordende Emotionen erspart. Aber das alles mussten auch wir erst mal verstehen und akzeptieren lernen.

UNSERE LIEBSTEN GRILLREZEPTE

Mit der Familie und Freunden zu grillen ist für uns ein Lebensgefühl. Wenn wir im Sommer die Terrassentüren öffnen, barfuß den Rasen betreten, chillige Musik im Hintergrund läuft und uns der Duft von Gegrilltem entgegenkommt, fühlen wir uns wie im Urlaub. Anschließend mit der Familie und Freunden ausgelassen am gedeckten Tisch zu sitzen und einfach Raum und Zeit für einen Moment zu vergessen, bedeutet für uns unglaublich viel. Dabei ist das Grillen für uns tatsächlich eine der entspanntesten Zubereitungsarten von Essen. Alle Zutaten können supereinfach vorbereitet werden, und niemand muss allein in der Küche stehen. Unser Grill steht in Sicht- und Hörweite des Gartentischs, sodass auch der Grillmeister vollkommen integriert ist. Wir freuen uns sehr, mit euch unsere Lieblings-Grillgerichte teilen zu dürfen.

MAISKOLBEN MIT KÄSE UND SPECK UMMANTELT

In Amerika haben wir beide den Maiskolben vom Grill entdeckt. Vor allem unserem Sohn macht es totalen Spaß, diesen mit den Händen zu halten und rundherum abzuknabbern. Der Maiskolben vom Grill kann aber noch so viel mehr …

Einen vorgegarten Kolben mit etwas Butter einreiben, nach Belieben würzen und mit Scheibenkäse ummanteln. Dann legt ihr den Maiskolben auf eine dünne Speckscheibe und wickelt diese um den Kolben. Ihr wiederholt das Ganze mit weiteren Speckscheiben, bis der Maiskolben komplett mit Speck ummantelt ist. Anschließend mit Barbecue-Sauce oder Ahornsirup einstreichen und ab damit auf den Grill. Die Maiskolben immer wieder wenden, bis alle Seiten richtig kross sind.

GUACAMOLE

Eine Freundin von uns hat dieses Rezept vor vielen Jahren mit in die Familie gebracht, und bis heute ist die Guacamole unser Top-Favorit bei den Beilagen – völlig egal, welches Fleisch ihr auf dem Grill liegen habt. Wenn es bei uns mal schnell gehen muss, dann reichen ein Stück Fleisch, die Guacamole und etwas Weißbrot völlig aus.
Als Zutaten benötigt ihr einfach nur 2–3 reife Avocados, 1 Spritzer Zitronensaft, ½ Feta-Käse, 1 Knoblauchzehe, 1 Schuss Milch, Salz und Pfeffer sowie eine Messerspitze gemahlener Kardamom. Wer möchte, kann noch entkernte Tomaten hinzugeben. Alles im Mixer zerkleinern. Je länger ihr mixt, desto cremiger wird die Konsistenz der Guacamole. Alles in eine kleine Schüssel geben, und fertig ist die Beilage.

GRILL-PIZZA

Für Pizza auf dem Grill benötigt man nicht unbedingt einen Pizzastein oder eine Grillmatte. Generell grillen wir lieber immer ein paar kleinere Pizzen gleichzeitig als eine große. Das ist für die Handhabung beim Grillvorgang einfacher und sieht anschließend auf dem Teller einfach schöner aus. Wir bestreichen den Grillrost mit etwas Olivenöl, damit der Teig nicht festklebt. Wichtig ist, dass ihr einen Grill mit Deckel verwendet, damit auch die obere Schicht der Pizza gebacken wird. Mit einer Temperatur um die 300 °C wird sie richtig schön kross. Der Pizzateig wird etwa eine Minute angegrillt und erst anschließend nach Herzenslust mit Tomatensauce und den Lieblingsbeilagen belegt. Wieder auf dem Grill ist die Pizza, je nach Temperatur, zwei bis drei Minuten später auch schon fertig.

KOKOSMILCH-MARINADE FÜR HÜHNERFLEISCH

Christian liebt die asiatische Küche. Sobald Kokosmilch und Koriander zu Rezepten hinzukommen, sitzt er gedanklich schon im Flugzeug. Für unsere Kokosmilch-Marinade benötigt ihr 400 g Kokosmilch, etwas Paprika- und Currypulver, 3 EL Honig, 4 Knoblauchzehen, 1 Zwiebel, etwas Salz und Pfeffer, frische Korianderblätter, einige Ingwer-Scheiben (je nach gewünschter Schärfe) und den Saft von 2 Limetten. Alle Zutaten in einem Mixer richtig gut zerkleinern, in eine flache Schüssel füllen und das Fleisch darin mehrfach wenden, sodass es rundherum mit Marinade benetzt ist. Das Hähnchen anschließend mindestens drei Stunden marinieren, bevor es auf den Grill kommt. Und vielleicht beginnt auch für dich mit diesem Rezepttipp eine Gedankenreise in ferne Länder …

FRÜHSTÜCK

Unser Tag beginnt definitiv laut und bunt.
Wir kennen morgens keine schlechte Laune und
tanzen als Familie einmal durchs ganze Haus.
Beim Frühstück darf es dann flott gehen.
Als Booster für den Tag muss es aber unbedingt
lecker sein!

CREMIGE SCHOKO-SMOOTHIE-BOWL

1 PORTION | EINFACH | 5 MIN. | VEGETARISCH

ZUTATEN

1–2 Bananen
2 EL Kakaopulver
2 EL Honig
3 EL Kokosjoghurt (alternativ Naturjoghurt)
1 EL Erdnussmus (alternativ anderes Nussmus)
5 EL Milch

ZUM GARNIEREN

Müsli oder Granola
gemischte Beeren

ZUBEREITUNG

Die Bananen schalen und zusammen mit den anderen Zutaten im Standmixer oder in einem hohen Gefäß mit dem Pürierstab fein mixen.

Den Smoothie in eine Schale geben und mit Müsli oder Granola und Beeren toppen.

TIPP!

Reife Bananen einfrieren und für eine erfrischende Smoothie-Bowl-Variante verwenden.

PORRIDGE MIT FRÜCHTEN

4 PORTIONEN · EINFACH · 25 MIN. · VEGETARISCH · GLUTENFREI

ZUTATEN

1 l Milch
120 g Hirse (alternativ Haferflocken)
4 EL Chiasamen
4 EL Ahornsirup
Salz

ZUM GARNIEREN

etwas Apfelmark
Obst nach Wahl, in Würfel oder Scheiben geschnitten

ZUBEREITUNG

Die Milch mit Hirse und Chiasamen in einem Topf unter Rühren kurz aufkochen. Die Hitze reduzieren und alles 20 Minuten leicht köcheln lassen. Zwischendurch rühren.

Den Porridge mit Ahornsirup und einer Prise Salz abschmecken. Auf Schalen verteilen und mit Apfelmark und Obst nach Geschmack servieren.

Pflaumen sind supergesund, weil sie reich an Mineralstoffen und Spurenelementen sind, außerdem helfen sie der Verdauung auf die Sprünge.

KIRSCH-PFANNKUCHEN

4 PORTIONEN | EINFACH | 15 MIN. | VEGETARISCH

ZUTATEN

250 g Weizenmehl
3 Eier
½ l Milch
Salz
1 Glas Schattenmorellen oder Sauerkirschen (350 g Abtropfgewicht; alternativ Äpfel, in Würfel geschnitten, oder Blaubeeren)
1 EL Kokosöl
etwas Ceylon-Zimtpulver zum Garnieren

ZUBEREITUNG

Mehl, Eier, Milch und eine Prise Salz in einer Schüssel zu einem glatten Teig verrühren. Die Kirschen in ein Sieb abgießen, abtropfen lassen und unter den Teig heben.

Das Öl in einer Pfanne erhitzen und den Teig darin portionsweise von beiden Seiten bei mittlerer Hitze zu Pfannkuchen ausbacken. Mit Zimtpulver bestreut servieren.

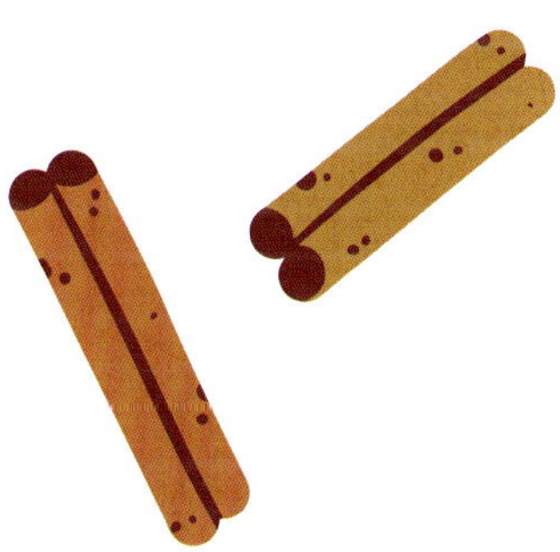

HAFERFLOCKEN-PANCAKES MIT BEEREN

4 PORTIONEN | EINFACH | 20 MIN. | VEGETARISCH | LAKTOSEFREI

ZUTATEN

90 g Haferflocken
(alternativ Hafermehl)
3 Bananen
4 Eier
5 EL Honig
1 Handvoll Schokotropfen
3 EL weißes Mandelmus
(optional)
2 EL Kokosöl

ZUM GARNIEREN

gemischte Beeren
(Erdbeeren, Himbeeren,
Blaubeeren, Brombeeren)

ZUBEREITUNG

Die Haferflocken im Standmixer zu Mehl mahlen. Die Bananen schälen und in einer Schüssel mit einer Gabel zerdrücken. Eier, Hafermehl, Honig, Schokotropfen und optional Mandelmus unterrühren.

Das Öl in einer Pfanne erhitzen und den Teig darin portionsweise von beiden Seiten bei mittlerer Hitze zu Pancakes ausbacken. Mit den frischen Beeren garnieren.

Honig ist eine tolle Zuckeralternative, Kinder sollten ihn aber erst ab 1 Jahr genießen.

KOKOS-OVERNIGHT-OATS

2 PORTIONEN | EINFACH | 5 MIN. + 1 NACHT | VEGAN | LAKTOSEFREI

ZUTATEN

100 g Haferflocken
2 EL Kokosflocken
2 EL Chiasamen (alternativ geschrotete Leinsamen)
2 EL Agavendicksaft
400 ml Kokosdrink

ZUM GARNIEREN

Himbeeren und/oder anderes Obst nach Wahl, in Würfel oder Scheiben geschnitten

ZUBEREITUNG

Haferflocken, Kokosflocken, Chiasamen, Agavendicksaft und Kokosdrink in einer Schüssel vermengen und über Nacht in den Kühlschrank stellen.

Zum Servieren in zwei Schalen füllen und mit Himbeeren und/oder anderem Obst nach Wahl garnieren.

TIPP!

Dieses einfache und gesunde Rezept eignet sich hervorragend zum Vorbereiten und spart morgens Zeit.

ZITRUSDRINK – SAUER MACHT LUSTIG

2 PORTIONEN | EINFACH | 10 MIN. | VEGAN | LAKTOSEFREI | GLUTENFREI

ZUTATEN

1 rote Grapefruit
2–3 Orangen
½ Zitrone
½ Limette
2 Bio-Limettenscheiben zum Garnieren

ZUBEREITUNG

Den Saft aller Zitrusfrüchte auspressen und in zwei Gläser füllen. Mit je 50 ml gekühltem Wasser aufgießen, umrühren und jedes Glas mit einer Limettenscheibe garnieren.

YUMMY!

Zwergi liebt es einfach, in Zitronenscheiben zu beißen – eine gesunde Erfrischung, die richtig lustig macht.

HIMBEER-FRÜHSTÜCKSMUFFINS

6 PORTIONEN | EINFACH | 30 MIN. | VEGETARISCH | LAKTOSEFREI

ZUTATEN

200 g Himbeeren (alternativ Blaubeeren, Erdbeeren oder Äpfel, in Würfel geschnitten)
200 g Kokosjoghurt (alternativ Naturjoghurt)
2 Eier
5 EL Honig
250 g zarte Haferflocken
5 EL (Vollkorn-)Weizenmehl
1 Pck. Backpulver
Salz

AUSSERDEM

etwas Öl für das Muffinblech (optional)

ZUBEREITUNG

Den Backofen auf 180 °C Ober- und Unterhitze vorheizen. Die Himbeeren verlesen, waschen und trocken tupfen. Kokosjoghurt, Eier und Honig in einer Schüssel verrühren. Haferflocken, Mehl, Backpulver und einer Prise Salz hinzufügen und alles mit einem Löffel zu einem glatten Teig verrühren.

Zum Schluss die Himbeeren vorsichtig unterheben.

Den Teig in sechs Muffinförmchen aus Silikon oder in sechs gefettete Mulden eines Muffinblechs füllen und im Backofen etwa 20 Minuten backen. Herausnehmen, abkühlen lassen und servieren.

TIPP!

Die Muffins können auch eingefroren werden und sind dann mehrere Monate haltbar.

SOMMERLICHES ERDBEER-MELONEN-MÜSLI

2 PORTIONEN | EINFACH | 15 MIN. | VEGETARISCH | LAKTOSEFREI

ZUTATEN

2 EL getrocknete Aprikosen
250 g Erdbeeren
½ Honigmelone
2 EL Mandelstifte
2½ EL zarte Haferflocken
2½ EL Haferkleie (alternativ weitere 2½ EL zarte Haferflocken)
150 ml Mandeldrink
2 TL Honig (optional)

ZUBEREITUNG

Die getrockneten Aprikosen fein hacken. Die Erdbeeren waschen, putzen und halbieren. Die Melone schälen und in mundgerechte Stücke schneiden. Die Mandelstifte in einer Pfanne ohne Fett goldgelb anrösten.

Haferflocken und Haferkleie in einer Schüssel mit Mandeln und Aprikosen mischen. Die Mischung auf zwei Schälchen verteilen. Melone und Erdbeeren drauf anrichten.

Zum Schluss das Ganze mit Mandeldrink übergießen und optional mit Honig toppen.

TIPP!

Eine größere Portion Mandelstifte in der Pfanne anrösten und für das nächste Mal luftdicht verpackt aufbewahren. So geht es gleich noch schneller am Morgen.

CORNFLAKES-MÜSLI

1 PORTION | EINFACH | 10 MIN. | VEGETARISCH | GLUTENFREI

ZUTATEN

1 kleiner Apfel oder 1 kleine Birne (oder Obst der Saison)
1 TL Rosinen (wer sie nicht mag, einfach weglassen)
1 EL gemahlene Mandeln
1 TL Honig
150 g Naturjoghurt
3 geh. EL ungezuckerte Cornflakes

ZUBEREITUNG

Den Apfel oder die Birne waschen, vierteln, entkernen und in mundgerechte Stücke schneiden. Mit Rosinen, gemahlenen Mandeln und Honig in der Müslischale vermischen und den Joghurt unterrühren.

Zum Schluss die Cornflakes vorsichtig unterheben.

Wir nehmen es mit Humor, wenn mal etwas danebengeht.

MÖHRCHENSTREICH

CA. 400 G	MITTEL	15 MIN.	VEGAN	LAKTOSEFREI	GLUTENFREI

ZUTATEN

250 g Möhren
1 Dose weiße Bohnen
(170 g Abtropfgewicht)
1 EL Rapsöl
1 TL Currypulver
1 EL Leinöl
1 TL Zitronensaft
Salz und Pfeffer
aus der Mühle

ZUBEREITUNG

Möhren putzen, schalen, grob raspeln oder sehr fein schneiden. Die weißen Bohnen in einem Sieb gut abbrausen und abtropfen lassen.

In einer Pfanne das Öl erhitzen und die Möhren darin bei mittlerer Hitze andünsten, bis sie weich sind. Das Currypulver untermischen und alles vom Herd nehmen.

Bohnen, Möhren, Leinöl, Zitronensaft, Salz und Pfeffer im Standmixer oder in einem hohen Gefäß mit dem Pürierstab zu einem cremigen Aufstrich mixen. Der Möhrenstreich eignet sich als Gemüsedip oder aufs Brot.

TIPP!

Der Aufstrich hält sich in ein Schraubglas gefüllt und gut verschlossen etwa 4 Tage im Kühlschrank.

LUSTIGES OMELETT-GESICHT

1 PORTION | MITTEL | 15 MIN. | VEGETARISCH

ZUTATEN

1 Cocktailtomate
4 Halme Schnittlauch
1 Ei
1 EL Milch
20 g Mozzarella
Salz und Pfeffer aus der Mühle
1 TL Rapsöl
1 EL TK-Erbsen
1 Scheibe Vollkornbrot zum Servieren

ZUBEREITUNG

Die Tomate waschen und halbieren. Den Schnittlauch waschen, trocken schütteln und in grobe Stücke schneiden.

Das Ei mit der Milch verquirlen. Den Mozzarella in kleine Stückchen schneiden und unterrühren. Salzen und pfeffern.

Das Öl in einer Pfanne erhitzen und die Eiermasse hineingeben. Die Tomatenhälften als Augen in das Omelett legen, mit den Erbsen einen Mund formen und den Schnittlauch als Haare aufstreuen. Das Omelett bei mittlerer Hitze 3 Minuten garen. Dann vorsichtig wenden und weitere 2 Minuten braten.

Das fertige Omelett auf einen Teller gleiten lassen und eine Scheibe Vollkornbrot dazu servieren.

ZWEIERLEI TOAST MAL ANDERS

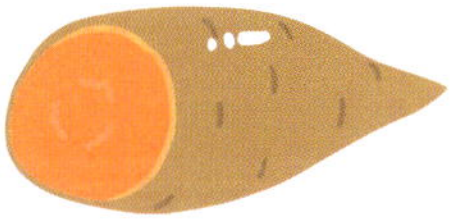

4 PORTIONEN | EINFACH | 25 MIN. | VEGAN | LAKTOSEFREI | GLUTENFREI

ZUTATEN

„TOAST"

2 große, breite Süßkartoffeln

AVOCADO-TOAST

1 Avocado
2 Tomaten
Salz und Pfeffer aus der Mühle

HIMBEERKONFITÜREN-„TOAST"

150 g TK-Himbeeren
3 EL Ahornsirup
1 EL Chiasamen

ZUBEREITUNG

Für den „Toast" die Süßkartoffeln schälen, waschen und langs in 5 mm dünne Scheiben schneiden. Anschließend auf höchster Stufe zwei- bis dreimal (je nachdem, wie knusprig die Süßkartoffeln werden sollen) im Toaster toasten.

Für einen Avocado-Toast die Avocado halbieren und den Stein entfernen. Die Avocadohälften schälen und das Fruchtfleisch mit einer Gabel zerdrücken. Tomaten waschen und in Scheiben schneiden, dabei vom Stielansatz befreien. Den Süßkartoffel-Toast mit der Avocado bestreichen, mit den Tomatenscheiben belegen und salzen und pfeffern.

Für den Himbeerkonfitüren-Toast Himbeeren und Ahornsirup in einem kleinen Topf bei mittlerer Hitze 5 Minuten köcheln lassen. Die Beeren leicht zerdrücken und die Chiasamen untermischen (sie können vorher im Mixer zermahlen werden). Alles bei schwacher Hitze unter Rühren köcheln lassen, bis die Konfitüre eindickt. Etwas abkühlen lassen und den Süßkartoffeltoast damit bestreichen.

Bunte Power-Smoothies
1
2

3
4
Das ist Zwergis Liebling!

BUNTE POWER-SMOOTHIES

Für je 1 Portion

EINFACH | JE 10 MIN. | VEGAN | LAKTOSEFREI | GLUTENFREI

1 GRÜNER SMOOTHIE

ZUTATEN

1 Handvoll junger Spinat
je ½ Birne, Apfel, Banane und Avocado
2 Datteln
1 TL Leinöl

ZUBEREITUNG

Für den grünen Smoothie den Spinat verlesen, waschen und trocken schleudern. Die Birne und den Apfel waschen, entkernen und grob zerkleinern. Die Banane und die Avocado schälen. Die Datteln entsteinen.

Alle Zutaten im Standmixer pürieren, dabei zum grünen Smoothie 170 ml Wasser hinzufügen. Alternativ in einem hohen Gefäß mit dem Pürierstab mixen. In ein Glas füllen.

2 ROTER SMOOTHIE

ZUTATEN

1 Handvoll Erdbeeren
½ Handvoll Himbeeren
je 1 TL Zitronensaft und Leinöl
2 TL Nussmus (z. B. Cashewmus)

ZUBEREITUNG

Die Erdbeeren putzen und waschen. Die Himbeeren verlesen, waschen und trocken tupfen.

Anschließend alle Zutaten im Standmixer pürieren, 120 ml Wasser hinzufügen. Alternativ in einem hohen Gefäß mit dem Pürierstab mixen. In ein Glas füllen.

TIPP!

Für eine eigene Smoothie-Kreation einfach Lieblingsobst mit etwas Flüssigkeit in den Mixer werfen und losmixen!

3 GELBER SMOOTHIE

ZUTATEN

½ Banane
1 Orange
1 Handvoll TK-Mango
1 TL Leinöl
2 TL Hanfsamen

ZUBEREITUNG

Die Banane schälen und anschließend in grobe Stücke schneiden. Die Orange halbieren und den Saft auspressen.

Nun alle Zutaten für den gelben Smoothie im Standmixer pürieren, 120 ml Wasser hinzufügen. Alternativ in einem hohen Gefäß mit dem Pürierstab mixen. In ein Glas füllen und direkt genießen oder einen Becher zum Mitnehmen verwenden.

Für eine cremige Variante Milch statt Wasser verwenden.

4 ROSA SMOOTHIE

ZUTATEN

150 g Erdbeeren
50 g Naturjoghurt
60 ml Milch
etwas gemahlene Vanille und Zitronensaft

ZUBEREITUNG

Die Erdbeeren putzen und waschen. Anschließend zusammen mit den restlichen Zutaten sowie 120 ml Wasser im Standmixer pürieren.

Alternativ in einem hohen Gefäß mit dem Pürierstab mixen. In ein Glas füllen und direkt genießen.

HAUPT-GERICHTE

Tagsüber sind wir leidenschaftliche Snacker. Satt vom Frühstück und in Vorfreude auf die abendliche Hauptmahlzeit darf es zwischendurch eine kleinere Portion sein. Diese muss aber unbedingt bunt aussehen und natürlich kreativ und unfassbar lecker sein.

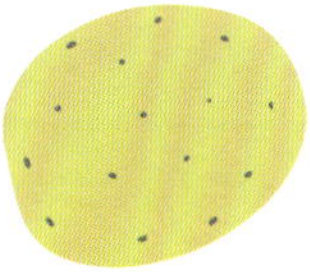

WÄRMENDE KÜRBISSUPPE

4 PORTIONEN | EINFACH | 30 MIN. | VEGAN | LAKTOSEFREI | GLUTENFREI

ZUTATEN

1 Hokkaidokürbis
1 große Kartoffel
2 Möhren
2 Zwiebeln
1 EL Rapsöl
200 ml Kokosmilch
Salz und Pfeffer aus der Mühle
etwas frisch gehackte Petersilie zum Garnieren

ZUBEREITUNG

Den Kürbis waschen, vierteln und die Kerne mit einem Löffel entfernen. Die Kartoffel und die Möhren schälen, waschen und in Stücke schneiden. Die Zwiebeln schälen und grob hacken.

Das Öl in einem Topf erhitzen und das Gemüse darin rundum bei mittlerer Hitze kurz andünsten. Mit 500 ml Wasser ablöschen und alles in 15–20 Minuten gar kochen.

Die Kokosmilch unterrühren und die Suppe mit dem Pürierstab fein mixen. Mit Salz und Pfeffer abschmecken. Die fertige Suppe in Schalen anrichten und mit frisch gehackter Petersilie ein Herzchen aufstreuen.

Kokosmilch ist wunderbar cremig, schmeckt leicht süßlich und sorgt bei vielen Gerichten für das besondere Etwas!

TIPP!

Dazu schmeckt Kräuterquark (siehe Seite 81) oder Guacamole (siehe Seite 155). Zum Schneiden der Pommes eignet sich ein Wellenmesser für eine lustige Riffelung.

CHICKEN NUGGETS MIT RÜBENPOMMES

4 PORTIONEN | EINFACH | 1 STD. + 15 MIN. | GLUTENFREI | PROTEINREICH

ZUTATEN

RÜBENPOMMES

200 g Möhren
200 g Pastinaken
2 EL Rapsöl
1 TL Paprikapulver edelsüß
2 TL Speisestärke
Salz

ZUM GARNIEREN

2 TL helle Sesamsamen
etwas frisch gehackte Petersilie (optional)

CHICKEN NUGGETS

600 g Hähnchenbrustfilet
250 g griechischer Joghurt
2 TL Kurkumapulver
Salz und Pfeffer aus der Mühle
130 g ungezuckerte Cornflakes

ZUBEREITUNG

Den Backofen auf 200 °C Ober und Unterhitze vorheizen. Möhren und Pastinaken putzen, schälen und in Stifte schneiden. In einer Schüssel mit Öl, Paprikapulver und Speisestärke mischen. Auf einem mit Backpapier ausgelegten Backblech verteilen und in 35–40 Minuten knusprig backen.

Währenddessen das Fleisch waschen, trocken tupfen und in Streifen schneiden. Joghurt, Kurkuma, Salz und Pfeffer verrühren. Die Cornflakes in einem verschlossenen Gefrierbeutel zerkleinern und auf einen tiefen Teller geben. Das Fleisch im Joghurt wenden, dann in den Cornflakes wälzen. Auf einem mit Backpapier ausgelegten Blech verteilen und bei 180 °C im Backofen 20 Minuten backen.

Die Pommes salzen und auf Teller verteilen. Mit Sesamsamen und optional auch mit Petersilie garnieren. Die Nuggets dazu servieren.

BUNTER SOMMER-MAISSALAT

2 PORTIONEN | EINFACH | 20 MIN. | VEGAN | LAKTOSEFREI | GLUTENFREI

ZUTATEN

DRESSING

½ Bund Petersilie
½ Bund Schnittlauch
2 EL Leinöl
1–2 EL Apfelessig
Salz und Pfeffer
aus der Mühle

SALAT

½ Salatgurke
3 Tomaten
1 Paprika (Farbe nach Wahl)
2 kleine Äpfel
1 kleine rote Zwiebel
1 Dose Mais
(285 g Abtropfgewicht)

ZUBEREITUNG

Für das Dressing die Kräuter waschen, trocken schütteln und fein hacken. Öl, Apfelessig, Salz und Pfeffer in einer Salatschüssel verrühren. Petersilie und Schnittlauch unterheben.

Für den Salat die Gurke und die Tomaten waschen. Die Paprika längs halbieren, entkernen und waschen. Die Äpfel waschen, vierteln und entkernen. Die Zwiebel schälen. Alles in sehr kleine Stücke schneiden oder im Multizerkleinerer hacken. Den Mais in einem Sieb abbrausen und abtropfen lassen.

Zum Schluss alle Zutaten mit dem Dressing vermengen und abschmecken. Auf Schalen verteilen und servieren.

NUDELN MIT LINSEN-BOLOGNESE

4 PORTIONEN | EINFACH | 30 MIN. | VEGAN | LAKTOSEFREI

ZUTATEN

250 g rote Linsen
1 rote Zwiebel
1 Knoblauchzehe
1 Möhre
1 EL Rapsöl
500 ml Gemüsebrühe (siehe Seite 73)
350 g (Vollkorn-)Nudeln
500 g passierte Tomaten
1 TL getrocknete italienische Kräuter
1 EL Apfelessig
Salz und Pfeffer aus der Mühle

ZUBEREITUNG

Die Linsen in einem Sieb abbrausen und abtropfen lassen. Zwiebel, Knoblauch und Möhre schälen, alles ganz fein schneiden.

Das Öl in einem Topf erhitzen und das Gemüse darin rundum bei mittlerer Hitze anbraten, bis es leicht gebräunt ist. Die Linsen unterrühren, mit der Gemüsebrühe aufgießen und alles bei geschlossenem Deckel 15–20 Minuten köcheln lassen, bis die Linsen gar sind. Währenddessen die Nudeln nach Packungsanweisung kochen.

Die passierten Tomaten unter die Linsen rühren und alles weitere 5 Minuten köcheln lassen. Die Bolognese mit italienischen Kräutern, Apfelessig, Salz und Pfeffer verfeinern und abschmecken.

Die Nudeln abgießen und auf Teller verteilen. Die Sauce noch einmal gut durchrühren und zur Pasta servieren.

TIPP!

Für eine vegane Option Kokosmilch anstelle der Sahne verwenden.

HULK-SUPPE (ERBSENCREMESUPPE)

4 PORTIONEN · EINFACH · 30 MIN. · VEGETARISCH · GLUTENFREI

ZUTATEN

1 Zwiebel
1 EL Rapsöl
700 ml Gemüsebrühe
500 g TK-Erbsen
130 g Sahne
Salz und Pfeffer
aus der Mühle

ZUBEREITUNG

Die Zwiebel schälen und grob hacken. Das Öl in einem Topf erhitzen und die Zwiebel darin bei schwacher Hitze glasig andünsten. Die Gemüsebrühe hinzufügen und zum Kochen bringen. Dann die Erbsen unterrühren und alles bei mittlerer Hitze 10 Minuten köcheln lassen. Die Sahne unterrühren und die Suppe weitere 5 Minuten kochen.

Zum Schluss mit dem Pürierstab cremig mixen, mit Salz und Pfeffer abschmecken und auf Schalen verteilen.

PASTE FÜR GEMÜSEBRÜHE

CA. 1,5 KG · EINFACH · 20 MIN. + 15 MIN. · VEGAN · LAKTOSEFREI · GLUTENFREI

ZUTATEN

5 Möhren
8 Stangen Staudensellerie
2 Stangen Lauch
2 Zwiebeln
3 Knoblauchzehen
1 Bund Petersilie
Salz

TIPP!

Für Gemüsebrühe 1 l heißes Wasser mit 2–3 TL Paste vermischen.

ZUBEREITUNG

Die Möhren putzen, schälen und in 1 cm dicke Scheiben schneiden. Den Sellerie putzen, waschen und ebenfalls in Scheiben schneiden. Die Sellerieblätter grob hacken. Den Lauch putzen, in Ringe schneiden, in einem Sieb waschen und abtropfen lassen. Zwiebeln und Knoblauch schälen, grob zerkleinern. Die Petersilie waschen, trocken schütteln und mit den Stielen hacken.

Das gesamte Gemüse abwiegen und berechnen, wie viel Salz benötigt wird: 12 g Salz pro 100 g Gemüse. Salz und Gemüse dann in einer Schüssel vermengen und alles mindestens 15 Minuten ziehen lassen. Anschließend im Standmixer oder in einem hohen Gefäß mit dem Pürierstab fein mixen und in sterilisierte Schraubgläser füllen. Diese möglichst voll füllen und im Kühlschrank lagern. Die Gemüsepaste ist mehrere Monate haltbar.

TIPP!

Die Zutaten können auch separat serviert werden, sodass sich jeder sein Gericht selbst zusammenstellen kann. So können Kinder neue Lebensmittel kennenlernen.

REISPFANNE MIT PUTENBRUSTFILET

4 PORTIONEN | MITTEL | 40 MIN. | PROTEINREICH

ZUTATEN

500 g Putenbrustfilet
1 rote Paprika
1 grüne Paprika
1 kleine Zucchini
1 kleine Dose Mais
(140 g Abtropfgewicht)
1 rote Zwiebel
2 EL Rapsöl
250 g Reis
30 g Butter
4 EL Dinkelmehl
2 EL Currypulver
4 EL saure Sahne
Salz und Pfeffer
aus der Mühle

ZUBEREITUNG

Das Fleisch waschen, trocken tupfen und in Würfel schneiden. Die Paprika halbieren, entkernen und waschen. Die Zucchini putzen und waschen. Beides in kleine Würfel schneiden. Den Mais in einem Sieb abbrausen. Die Zwiebel schälen und in feine Würfel schneiden.

Das Öl in einer Pfanne erhitzen und das Fleisch darin rundum bei mittlerer Hitze anbraten. Paprika, Zucchini und Mais einige Minuten mitgaren. In eine Schale umfüllen.

Währenddessen den Reis nach Packungsanweisung kochen. Die Butter in der Pfanne zerlassen, die Zwiebel darin glasig andünsten. Das Mehl unter Rühren anschwitzen. Mit 500 ml Wasser ablöschen und aufkochen. Zum Schluss Currypulver und saure Sahne unterrühren. Mit Salz und Pfeffer abschmecken. Das Gemüse und das Fleisch unter die Sauce heben und den Reis unterrühren.

KRAUTNUDELN

4 PORTIONEN | MITTEL | 30 MIN. + 30 MIN. | VEGAN | LAKTOSEFREI

ZUTATEN

1 Weißkohl
Salz
3 EL Rapsöl
Pfeffer aus der Mühle
etwas Kümmelpulver
400 g kurze Bandnudeln (alternativ eine andere Nudelsorte)

ZUBEREITUNG

Vom Weißkohl die äußeren Blätter entfernen, den Kohl vierteln und den harten Strunk entfernen. Den Kohl in dünne Streifen schneiden, in eine Schüssel geben, leicht salzen und zugedeckt etwa 30 Minuten stehen lassen.

Das Öl in einem Topf erhitzen und den gut ausgedrückten Kohl darin bei mittlerer Hitze in 5–10 Minuten bissfest garen. Mit Salz, Pfeffer und Kümmelpulver verfeinern.

Währenddessen die Nudeln nach Packungsanweisung kochen. Anschließend unter das Kraut heben und gut vermengen. Alles zusammen noch mal anbraten und abschmecken. Die Krautnudeln auf Tellern anrichten.

Weißkohl wird oft als Wintergemüse bezeichnet, ist bei uns aber ganzjährig aus regionalem Anbau erhältlich.

EXOTISCHE LINSENSUPPE

4 PORTIONEN | EINFACH | 50 MIN. | VEGAN | LAKTOSEFREI

ZUTATEN

250 g Tellerlinsen
1 große Zwiebel
1 Knoblauchzehe
2 Möhren
50 g Knollensellerie
1 EL Kokosöl
3 TL Currypulver
1 TL Kreuzkümmelpulver
600 ml Gemüsebrühe (siehe Seite 73)
1 Dose Kokosmilch (400 ml)
Salz und Pfeffer aus der Mühle

ZUM SERVIEREN

frisch gehackter Koriander (optional)
Baguette (optional)

ZUBEREITUNG

Die Linsen in einem Sieb abbrausen und abtropfen lassen. Zwiebel, Knoblauch, Möhren und Sellerie schälen, alles ganz fein schneiden.

Das Öl in einem Topf erhitzen und das Gemüse darin rundum bei mittlerer Hitze anbraten, bis es leicht gebräunt ist. Die Linsen und die Gewürze kurz mitrösten. Mit der Gemüsebrühe und der Kokosmilch aufgießen. Alles bei geschlossenem Deckel 35–40 Minuten köcheln lassen, bis die Linsen gar sind.

Die Suppe mit Salz und Pfeffer abschmecken und auf Schalen verteilen. Optional mit frischem Koriander garnieren und mit Baguette servieren.

An Koriander scheiden sich die Geister – unbestritten ist aber, dass er dank seiner ätherischen Öle Darm und Leber in Schwung hält!

WRAPS MIT KRÄUTERQUARK

4 PORTIONEN | EINFACH | 20 MIN. | PROTEINREICH

ZUTATEN

WRAPS

2 Tomaten
½ Salatgurke
1 Paprika (Farbe nach Wahl)
1 Romanasalat
2 Eier, hart gekocht
4 Vollkorn-Tortilla-Wraps
4 Scheiben Putenbrust-aufschnitt

KRÄUTERQUARK

250 g Quark
4 EL Milch
einige Schnittlauchröllchen
etwas frisch gehackte Petersilie
Salz und Pfeffer aus der Mühle

ZUBEREITUNG

Für die Wraps die Tomaten und die Gurke waschen. Die Paprika längs halbieren, entkernen und waschen. Alles in Würfel oder Streifen schneiden. Den Salat in die einzelnen Blätter teilen, waschen, trocken schleudern und in mundgerechte Stücke zupfen. Die Eier pellen und in Scheiben schneiden.

Den Quark mit der Milch verrühren. Schnittlauch und Petersilie unterheben und den Kräuterquark mit Salz und Pfeffer abschmecken.

Die Wraps in einer Pfanne oder im Backofen erwärmen (Achtung: nur ganz kurz, sonst werden sie hart). Mit Kräuterquark bestreichen und mit Gemüse, Eiern und Putenbrust belegen. Die Wraps fest aufrollen und nach Belieben halbieren oder mehrmals durchschneiden.

TOMATENSUPPE

4 PORTIONEN | EINFACH | 40 MIN. | VEGETARISCH

ZUTATEN

500 g Tomaten (alternativ
2 Dosen gehackte Tomaten)
1 Zwiebel
20 g Butter
2 EL Weizenmehl
2 EL Gemüsebrühe (siehe
Seite 73)
1 Lorbeerblatt
Salz und Pfeffer
aus der Mühle

ZUM GARNIEREN

200 g Sahne
etwas Paprikapulver edelsüß

ZUBEREITUNG

Die Tomaten kreuzweise einritzen, überbrühen, häuten, vierteln und entkernen. Das Fruchtfleisch in Würfel schneiden. Die Zwiebel schälen und fein hacken.

Die Butter in einem großen Topf zerlassen und die Zwiebel darin bei mittlerer Hitze glasig andünsten. Das Mehl anschwitzen. Nach und nach 1 l Wasser einrühren. Die Tomaten mit der Gemüsebrühe und dem Lorbeerblatt hinzugeben. Alles 15–20 Minuten köcheln lassen. Das Lorbeerblatt entfernen und die Tomatensuppe mit dem Pürierstab cremig mixen. Mit Salz und Pfeffer abschmecken.

Die Suppe auf Schalen verteilen. Die Sahne steif schlagen. Die Suppe mit je einem Sahnehäubchen toppen, die Sahne spiralförmig verteilen und mit etwas Paprikapulver bestreuen.

WELTBESTE PIZZAWAFFELN

12 PORTIONEN | MITTEL | 30 MIN. | PROTEINREICH

ZUTATEN

1 grüne Paprika
1 Knoblauchzehe
100 g Salami
260 g Weizenmehl
2 TL Backpulver
½ TL Salz
1 TL getrockneter Oregano
40 g geriebener Käse nach Wahl
1 Ei
60 ml Rapsöl
180 g Naturjoghurt
110 g Tomatensauce

AUSSERDEM

etwas Butter für das Waffeleisen

ZUBEREITUNG

Die Paprika längs halbieren, entkernen, waschen und in kleine Würfel schneiden. Den Knoblauch schälen und ganz fein hacken. Die Salami in kleine Würfel schneiden.

Mehl, Backpulver, Salz, Oregano, Knoblauch, Salami, Paprikastücke und Käse in einer Schüssel vermengen. Das Ei mit Öl, Joghurt und Tomatensauce verquirlen und unter die Mehlmischung rühren.

Das Waffeleisen vorheizen und mit etwas Butter einfetten. Den Teig darin portionsweise zu Waffeln backen und direkt servieren.

TIPP!

Waffeln am nächsten Tag mit etwas geriebenem Käse bestreuen und für 10 Sekunden in die Mikrowelle geben.

TIPP!

Das Ganze kann auch in vier kleinen Formen gebacken werden. So bekommt jeder seinen eigenen kleinen Auflauf. Aber Vorsicht, die heißen Formen erst ein bisschen abkühlen lassen.

LAUCH-KARTOFFEL-AUFLAUF

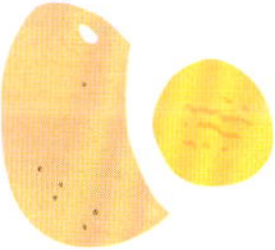

4 PORTIONEN | EINFACH | 1 STD. + 15 MIN. | VEGETARISCH | GLUTENFREI

ZUTATEN

300 g Lauch
600 g Kartoffeln
120 g Emmentaler, geriebener
etwas frisch gehackte Petersilie
Salz
3 Eier
200 g saure Sahne
250 ml Gemüsebrühe (siehe Seite 73)
etwas frisch geriebene Muskatnuss
2–3 EL gemahlene Mandeln
etwas Butter in Flöckchen

AUSSERDEM

etwas Öl oder Butter für die Form

ZUBEREITUNG

Den Backofen auf 200 °C Ober- und Unterhitze vorheizen. Den Lauch putzen, in 1 cm dicke Ringe schneiden, in einem Sieb waschen und abtropfen lassen. Die Kartoffeln schälen, waschen und hobeln, raspeln oder in ganz kleine Würfel schneiden.

Kartoffeln, Lauch, 100 g Emmentaler, Petersilie und Salz in einer gefetteten Auflaufform (etwa 25 × 30cm) mischen. Eier, saure Sahne, Gemüsebrühe, Muskatnuss und Salz verquirlen und darübergeben.

Den Auflauf im Ofen 50–60 Minuten backen, 10 Minuten vor Ende gemahlene Mandeln, restlichen Emmentaler (20 g) und Butterflöckchen darübergeben. (Sollte der Auflauf zu braun werden, mit Backpapier abdecken.) Aus dem Ofen nehmen und servieren.

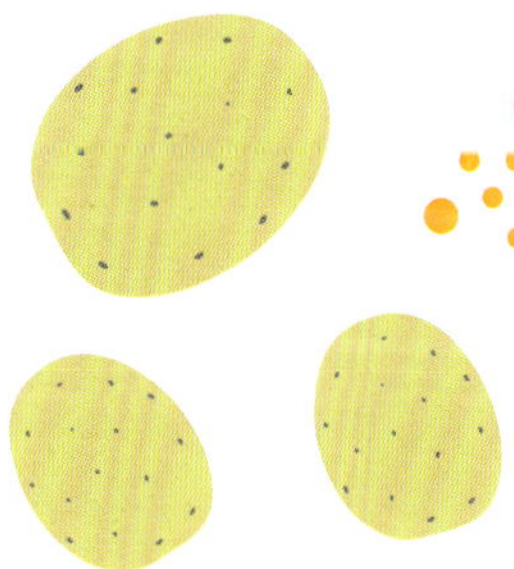

HACKFLEISCHBÄLLCHEN MIT TOMATENREIS

4 PORTIONEN | MITTEL | 45 MIN. | PROTEINREICH

ZUTATEN

TOMATENREIS

1 rote Zwiebel
1 Knoblauchzehe
4 Tomaten
2 EL Rapsöl
3 EL Tomatenmark
800 ml Gemüsebrühe (siehe Seite 73)
400 g passierte Tomaten
400 g Basmatireis
2 EL Frischkäse
Salz und Pfeffer aus der Mühle

HACKFLEISCHBÄLLCHEN

1 Zwiebel
600 g Schweinehackfleisch
2 Eier
5 EL (Vollkorn-)Semmelbrösel
Salz und Pfeffer aus der Mühle
2 EL Rapsöl

ZUBEREITUNG

Für den Tomatenreis die Zwiebel und den Knoblauch schälen, beides in kleine Würfel schneiden. Die Tomaten waschen und in ganz kleine Würfel schneiden, dabei die Stielansätze entfernen.

Das Öl in einem Topf erhitzen und Zwiebel sowie Knoblauch darin bei mittlerer Hitze glasig andünsten. Das Tomatenmark kurz mitrösten und alles mit der Gemüsebrühe aufgießen. Die passierten Tomaten, die frischen Tomaten und den Reis unterrühren. Alles bei geschlossenem Deckel 30 Minuten köcheln lassen.

Währenddessen für die Hackbällchen die Zwiebel schälen und sehr fein würfeln. Mit Hackfleisch, Eiern und Semmelbröseln verkneten und mit Salz und Pfeffer verfeinern. Aus der Masse kleine Bällchen formen. Das Öl in einer Pfanne erhitzen und die Bällchen darin rundum bei starker Hitze in 8 Minuten knusprig braten.

Den Frischkäse unter den Tomatenreis heben, diesen mit Salz und Pfeffer abschmecken und mit den Hackbällchen auf Tellern anrichten.

TIPP!

Bei diesem Gericht kann jeder mithelfen: Die Kinder können das Gemüse waschen, die Sauce anrühren und den Tisch decken. Ältere Kinder können auch beim Zutatenabwiegen und -abmessen helfen oder am Herd mitkochen.

COUSCOUS-PFANNE MIT GEMÜSE

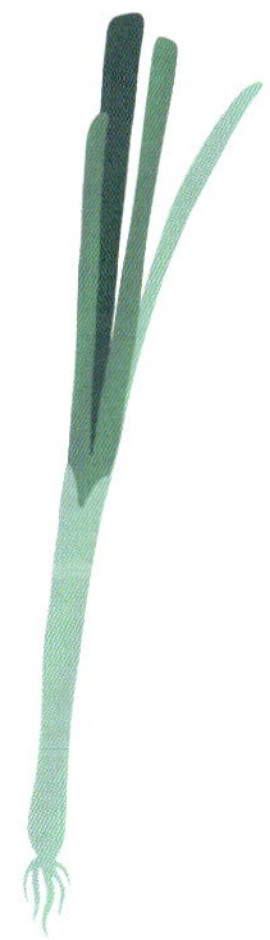

4 PORTIONEN | MITTEL | 35 MIN. | VEGETARISCH

ZUTATEN

COUSCOUS-PFANNE

2 Möhren
2 Zucchini
1 Paprika
1 Aubergine
2 Frühlingszwiebeln
1 Knoblauchzehe
250 g Hirtenkäse
2 EL Rapsöl
Salz und Pfeffer aus der Mühle
500 ml Gemüsebrühe (siehe Seite 73)
300 g Couscous

JOGHURT-MINZ-SAUCE

200 g Sahnejoghurt
2 EL getrocknete Minze
Saft von ½ Limette
einige Schnittlauchröllchen

ZUBEREITUNG

Das Gemüse putzen und schälen bzw. waschen. Möhren und Zucchini raspeln. Paprika, Aubergine und Frühlingszwiebeln in kleine Würfel schneiden. Den Knoblauch schälen und fein hacken. Den Hirtenkäse zerbröseln.

Das Öl in einer Pfanne erhitzen und das Gemüse darin rundum bei mittlerer Hitze 7 Minuten anbraten. Den Knoblauch miträsten und alles mit Salz und Pfeffer verfeinern. Die Brühe angießen und aufkochen lassen. Den Couscous hinzugeben und nochmals aufkochen. Vom Herd nehmen und 10 Minuten quellen lassen.

Währenddessen für die Joghurt-Minz-Sauce alle Zutaten verrühren. Die Couscous-Pfanne mit einer Gabel auflockern und auf Tellern anrichten. Mit Hirtenkäse und Joghurt-Minz-Sauce servieren.

LAUCH-KARTOFFEL-SUPPE

4 PORTIONEN | EINFACH | 25 MIN. | GLUTENFREI

ZUTATEN

3 Stangen Lauch
4 Kartoffeln
2 Wienerwürstchen (alternativ Räuchertofu)
2 EL Rapsöl
2 EL Gemüsebrühe (siehe Seite 73)
Salz und Pfeffer aus der Mühle
200 g Sahne
einige Schnittlauchröllchen zum Garnieren

ZUBEREITUNG

Den Lauch putzen, fein schneiden, in einem Sieb waschen und abtropfen lassen. Die Kartoffeln schälen, waschen und in kleine Würfel schneiden. Die Würstchen klein schneiden.

Das Öl in einer Pfanne erhitzen und den Lauch darin bei mittlerer Hitze andünsten. Die Kartoffeln, 1 l Wasser und die Gemüsebrühe hinzugeben. Alles etwa 10 Minuten köcheln lassen, bis die Kartoffeln gar sind.

Die Suppe mit dem Pürierstab cremig mixen und mit Salz und Pfeffer abschmecken. Die Sahne und die Würstchen unterrühren. Die Suppe auf Schalen verteilen und mit Schnittlauchröllchen garnieren.

TIPP!

Für mehr Spaß auf dem Teller zwei Scheiben Vollkornbrot in Würfel schneiden und die Suppe damit toppen.

SELBST GEMACHTE PIZZA

2 PIZZEN | MITTEL | 1 STD. + 40 MIN. | VEGETARISCH

ZUTATEN

TEIG

300 g Weizenmehl
je 1 TL Trockenhefe und Salz
1 EL Olivenöl

TOMATENSAUCE

1 Zwiebel
1 Knoblauchzehe
1 EL Olivenöl
2 EL Tomatenmark
250 g passierte Tomaten
1 EL getrockneter Oregano
Salz und Pfeffer
aus der Mühle

BELAG

Zutaten nach Wunsch
2 Kugeln Mozzarella
8 Basilikumblätter

ZUBEREITUNG

Fur den Teig Mehl, Hefe und Salz vermengen. Eine Mulde formen und 200 ml lauwarmes Wasser sowie das Öl hineingeben. Alles zu einem elastischen Teig verkneten (eventuell mehr Mehl hinzufügen). Mit einem Küchentuch abgedeckt an einem warmen Ort eine Stunde gehen lassen.

Für die Sauce Zwiebel und Knoblauch schälen, beides fein hacken. Das Öl in einem Topf erhitzen, und Zwiebel und Knoblauch darin bei mittlerer Hitze andünsten. Das Tomatenmark kurz mitrösten. Tomaten und Oregano unterrühren, mit Salz und Pfeffer würzen und 10 Minuten köcheln lassen. Den Backofen auf 250 °C Ober- und Unterhitze vorheizen.

Den Teig durchkneten und auf der bemehlten Arbeitsfläche zu zwei Pizzen ausrollen. Diese auf zwei mit Backpapier ausgelegte Bleche geben und mit Sauce bestreichen. Nach Wunsch belegen. Den in Scheiben geschnittenen Mozzarella darauf verteilen. Die Pizzen nacheinander im Ofen 10 Minuten backen. Herausnehmen und mit Basilikum bestreuen.

CREMIGE LACHSNUDELN

4 PORTIONEN | MITTEL | 30 MIN. | PROTEINREICH

ZUTATEN

250 g Nudeln nach Wahl
600 g Brokkoli
Salz
½ Bio-Zitrone
4 Lachsfilets (à 120 g)
1 EL Olivenöl
4 EL Crème fraîche
1 TL Senf
etwas frisch gehackter Dill
Pfeffer aus der Mühle

ZUBEREITUNG

Die Nudeln nach Packungsanweisung kochen. Währenddessen den Brokkoli waschen, in Röschen teilen und in einem Topf mit kochendem Salzwasser etwa 10 Minuten garen.

Die Schale der Zitrone fein abreiben und den Saft auspressen. Die Lachsfilets waschen und trocken tupfen. Das Öl in einer Pfanne erhitzen und die Lachsfilets darin von jeder Seite bei mittlerer Hitze 4 Minuten anbraten. Herausnehmen und in Stücke zerteilen.

Crème fraîche, Zitronenabrieb und -saft sowie Senf in einer Schüssel vermischen. Die abgetropften Nudeln und 50 ml aufgefangenes Nudelkochwasser untermengen. Den Lachs und den Dill unterheben. Die Pasta mit Salz und Pfeffer abschmecken, auf Teller verteilen und mit dem Brokkoli servieren.

Lachs enthält die guten Omega-3-Fettsäuren und noch dazu jede Menge Vitamine, Mineralstoffe und Spurenelemente.

TIPP!

Der Salat kann auch am Abend vorher zubereitet werden.

VEGGIE-FRIKADELLEN MIT KARTOFFELSALAT

2 PORTIONEN | EINFACH | 1 STD. + 40 MIN. | VEGETARISCH

ZUTATEN

KARTOFFELSALAT

1 Paprika
1 Apfel
400 g gekochte und gepellte Kartoffeln
2 Eier, hart gekocht
½ Glas Cornichons
1 kleine Dose Mais (140 g Abtropfgewicht)
½ Bund Petersilie
150 g Naturjoghurt
etwas Zitronensaft
Salz und Pfeffer aus der Mühle

VEGGIE-FRIKADELLEN

1 große Zwiebel
250 ml Milch
250 g kernige und zarte Haferflocken gemischt
3 Eier
150 g geriebener Gouda
2 TL Currypulver
1 TL Paprikapulver edelsüß
Salz und Pfeffer aus der Mühle
1 EL Rapsöl

ZUBEREITUNG

Die Paprika halbieren, entkernen, waschen und in sehr kleine Würfel schneiden. Den Apfel waschen, vierteln, entkernen und raspeln. Die Kartoffeln in mundgerechte Stücke schneiden. Die Eier pellen und klein schneiden. Die Cornichons in einem Sieb abtropfen lassen und in dünne Scheiben schneiden. Den Mais ebenfalls abtropfen lassen. Die Petersilie waschen, trocken schütteln und hacken.

Joghurt, Zitronensaft, Salz und Pfeffer in einer Salatschüssel verrühren und Gemüse, Apfel, Eier sowie Petersilie vorsichtig untermengen. Den Salat mindestens eine Stunde ziehen lassen.

Für die Frikadellen die Zwiebel schälen und in kleine Würfel schneiden. Mit Milch, Haferflocken, Eiern, Gouda und Gewürzen vermengen. Aus der Masse acht Frikadellen formen. Etwas Öl in einer Pfanne erhitzen und die Frikadellen darin bei mittlerer Hitze vorsichtig von beiden Seiten braten. Zum Kartoffelsalat servieren.

FETA-NUDELN MIT TOMATEN

4 PORTIONEN | EINFACH | 25 MIN. | VEGETARISCH

ZUTATEN

500 g Cocktailtomaten
1 rote Zwiebel
1 Knoblauchzehe
etwas getrockneter Thymian
4 EL Olivenöl
Salz und Pfeffer aus der Mühle
200 g Feta
400 g (Vollkorn-)Nudeln
etwas frisches gehacktes Basilikum zum Garnieren

ZUBEREITUNG

Den Backofen auf 180 °C Ober- und Unterhitze vorheizen. Die Tomaten waschen. Zwiebel und Knoblauch schälen, beides ganz fein schneiden.

Alles in einer Auflaufform mit Thymian, Öl, Salz und Pfeffer vermengen. Den Feta zwischen die Tomaten legen und im Ofen etwa 15 Minuten backen. Währenddessen die Nudeln nach Packungsanweisung kochen.

Die Auflaufform aus dem Ofen nehmen. Den Feta mit einer Gabel zerdrücken und mit den Tomaten in der Form vermengen. Die fertigen Nudeln dazugeben und unterheben. Auf Teller verteilen und mit frisch gehacktem Basilikum bestreuen.

BUNTE KARTOFFEL-SCHIFFCHEN

2 PORTIONEN | MITTEL | 1 STD. | VEGETARISCH | GLUTENFREI

ZUTATEN

KARTOFFEL-SCHIFFCHEN

2 große Kartoffeln
50 g geriebener Gouda

FÜLLUNG

120 g Tomaten
2 Schalotten
¼ rote Paprika
1 kleine Dose Mais (140 g Abtropfgewicht)
50 g Kidneybohnen (aus der Dose)
2 EL Olivenöl
1 EL Limettensaft
Salz und Pfeffer aus der Mühle

ZUBEREITUNG

Die Kartoffeln mit der Schale waschen und in kochendem Wasser in 25–30 Minuten gar kochen (kann auch schon am Vortrag erledigt werden).

Währenddessen für die Füllung die Tomaten waschen, halbieren, entkernen und in Würfel schneiden, dabei die Stielansätze entfernen. Die Schalotten schälen und fein hacken. Die Paprika entkernen, waschen und in kleine Würfel schneiden. Mais und Bohnen in einem Sieb abbrausen und abtropfen lassen. Den Backofen auf 180 °C Ober- und Unterhitze vorheizen.

Die Kartoffeln halbieren, etwas vom Inneren mit einem Löffel herauslösen, in eine Schüssel geben und mit einer Gabel zermatschen. Mais, Kidneybohnen, Olivenöl, Tomaten, Schalotten, Paprika und Limettensaft untermischen und alles mit Salz und Pfeffer abschmecken.

Die Kartoffeln damit befüllen und mit Käse bestreuen. Auf einem mit Backpapier ausgelegten Backblech im Backofen 30 Minuten backen. Auf Teller heben und servieren.

TORTELLINI-BOHNEN-EINTOPF

4 PORTIONEN | EINFACH | 35 MIN. | PROTEINREICH

ZUTATEN

1 rote Zwiebel
1 rote Paprika
2 Zucchini
2 Stangen Staudensellerie
1 Knoblauchzehe
1 EL Olivenöl
1 Dose gehackte Tomaten (400 g)
750 ml Gemüsebrühe (siehe Seite 73)
1 Dose weiße Bohnen (250 g Abtropfgewicht)
400 g Tortellini nach Wahl (Kühlregal)
Salz und Pfeffer aus der Mühle

ZUM GARNIEREN

etwas frisch gehackte Petersilie
geriebener Parmesan (optional)

ZUBEREITUNG

Die Zwiebel schälen. Die Paprika längs halbieren, entkernen und waschen. Zucchini und Sellerie putzen, beides waschen. Alles in kleine Stücke schneiden. Den Knoblauch schälen und fein hacken.

Das Olivenöl in einem Topf erhitzen und Zwiebel sowie Sellerie darin bei mittlerer Hitze glasig andünsten. Paprika und Zucchini etwa 5 Minuten mitgaren. Dann den Knoblauch dazugeben. Mit Tomaten und Gemüsebrühe aufgießen, dann alles bei geschlossenem Deckel 10 Minuten köcheln lassen.

Währenddessen die Bohnen in einem Sieb abbrausen und abtropfen lassen. Tortellini und Bohnen in den Topf geben und alles bei schwacher Hitze 5 Minuten köcheln lassen. Mit Salz und Pfeffer abschmecken.

Den Eintopf auf Schalen verteilen und mit frisch gehackter Petersilie sowie optional etwas Parmesan bestreuen.

TIPP!

Nach diesem Baukastensystem kannst du auch beim bunten Sommer-Maissalat auf Seite 69 vorgehen.

BAU DIR DEINE EIGENE BOWL

BELIEBIG VIELE | EINFACH | 10 MIN. | VEGETARISCH

IDEEN FÜR ZUTATEN …

2–3 verschiedene Salatsorten (z. B. Feldsalat, Romana, Eichblatt)
Mais (aus der Dose)
Apfelstückchen
Paprika, gewürfelt (rot, gelb und grün)
Salatgurke, Möhre, Avocado, gewürfelt
Kohlrabi, gewürfelt (roh oder gekocht)
Hülsenfrüchte (z. B. Bohnen, Linsen, Kichererbsen; gibt es übrigens auch in Nudelform)
Kresse, Sprossen
Cocktailtomaten
Champignons
Oliven, Peperoni
frische Kräuter (z. B. Petersilie, Schnittlauch, Dill, Minze)
Salatsauce nach Wahl (z. B. Joghurt-Dressing, Balsamico-Vinaigrette, mildes Honig-Senf-Dressing, fruchtiges Orangen-Dressing, einfache Essig-Öl-Vinaigrette)

… UND TOPPINGS

Kerne und Nüsse, nach Belieben geröstet (z. B. Kürbiskerne, Sonnenblumenkerne, Pinienkerne, gehackte Walnusskerne)
Samen, nach Belieben geröstet (z. B. Sesamsamen, Leinsamen, Hanfsamen)
Croûtons
Backerbsen
Fetawürfel
Reibekäse

ZUBEREITUNG

Mit diesem Baukastenprinzip kann sich jeder nach eigenen Vorlieben eine Bowl kreieren. Einfach die Zutaten separat in Schüsseln auf den Tisch stellen, und jeder kann sich nehmen, was er möchte.

TIPP!
Anstatt des Spinats kann auch Grünkohl verwendet werden.

RÖSTKARTOFFELN MIT SPINAT UND SPIEGELEI

6 PORTIONEN | MITTEL | 1 STD. | VEGAN | LAKTOSEFREI | GLUTENFREI

ZUTATEN

1,5 kg mehligkochende Kartoffeln
Salz
4 EL Rapsöl
1 Zwiebel
1 Knoblauchzehe
500 g Blattspinat (frisch oder TK)
10 g Butter
100 g Sahne
Pfeffer aus der Mühle
etwas frisch geriebene Muskatnuss
4 Eier

ZUBEREITUNG

Den Backofen auf 220 °C Ober- und Unterhitze vorheizen. Die Kartoffeln schälen, waschen und in grobe Würfel schneiden. In leicht gesalzenem, kochendem Wasser etwa 5 Minuten garen.

In einer Auflaufform 3 EL Öl verteilen, in den Ofen schieben. Die Kartoffeln gut abtropfen lassen. Die Form aus dem Backofen nehmen, die Kartoffeln hineingeben (Vorsicht, heißes Öl!) und schwenken. Auf der oberen Schiene im Backofen 40 Minuten rösten. Zwischendurch wenden.

Währenddessen Zwiebel und Knoblauch schälen, beides fein hacken. Frischen Spinat verlesen und waschen. Die Butter in einem Topf zerlassen. Zwiebel und Knoblauch darin bei mittlerer Hitze glasig andünsten. Den Spinat hinzugeben und unter Rühren zusammenfallen lassen. Mit der Sahne ablöschen und mit Salz, Pfeffer und frisch geriebener Muskatnuss verfeinern. Warm beiseitestellen.

Kurz bevor die Kartoffeln gar sind, das restliche Öl in einer Pfanne erhitzen und die Eier zu Spiegeleiern braten. Alles zusammen auf Tellern anrichten.

CREMIGE ONE-POT-ORZO MIT PILZEN

4 PORTIONEN | EINFACH | 45 MIN. | VEGETARISCH

ZUTATEN

400 g Champignons
2 Frühlingszwiebeln
1 rote Zwiebel
1 EL Olivenöl
400 g Orzo-Nudeln
Salz
250 g Sahne
50 g geriebener Parmesan
Pfeffer aus der Mühle

ZUM GARNIEREN

etwas frisch gehackte Petersilie
einige halbierte Cocktailtomaten

ZUBEREITUNG

Die Champignons putzen, trocken abreiben und vierteln. Die Frühlingszwiebeln putzen, waschen und in feine Ringe schneiden. Die Zwiebel schälen und in kleine Würfel schneiden.

Das Öl in einem großen Topf erhitzen und die Zwiebel darin bei mittlerer Hitze glasig andünsten. Die Champignons hinzugeben und 3 Minuten mitbraten. Die Orzo-Nudeln dazugeben und salzen. Mit 900 ml Wasser aufgießen, dieses aufkochen und 15 Minuten sanft köcheln lassen. Anschließend die Sahne unterrühren und alles weitere 5 Minuten köcheln lassen.

Zum Schluss nur noch die Frühlingszwiebeln und den Parmesan unterrühren und die Pasta mit Salz und Pfeffer abschmecken. Auf Teller verteilen und mit frisch gehackter Petersilie und Cocktailtomaten garnieren.

SPAGHETTI NAPOLI

4 PORTIONEN | EINFACH | 25 MIN. | LAKTOSEFREI

ZUTATEN

400 g (Vollkorn-)Spaghetti
2 Knoblauchzehen
2 EL Olivenöl
500 g passierte Tomaten
1 TL getrockneter Oregano
1 TL getrocknetes Basilikum
Salz und Pfeffer aus der Mühle
4 TL geriebener Parmesan zum Garnieren

ZUBEREITUNG

Die Spaghetti nach Packungsanweisung kochen. Währenddessen den Knoblauch schälen und fein hacken.

Das Öl in einem Topf erhitzen und den Knoblauch darin bei mittlerer Hitze etwa 3 Minuten andünsten. Die passierten Tomaten und die Gewürze unterrühren. Alles bei geschlossenem Deckel zum Kochen bringen. Dann etwa 5 Minuten köcheln lassen.

Die fertigen Spaghetti unter die Sauce heben und alles weitere 5 Minuten köcheln lassen. Zum Schluss auf Tellern anrichten, mit Parmesan bestreuen und servieren.

Wer die Tomatensauce noch etwas würziger mag: Auch Salbei, Thymian und Rosmarin passen hervorragend und erinnern an Urlaub im Süden!

TIPP!

Mit Gurkensalat
(siehe S. 117)
servieren.

ALIEN-POWERBREI MIT LACHSSTÄBCHEN

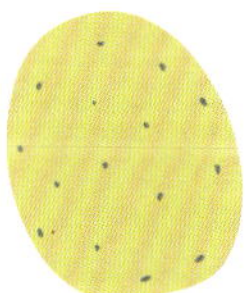

4 PORTIONEN | ANSPRUCHSVOLL | 40 MIN. | PROTEINREICH

ZUTATEN

KARTOFFEL-ERBSEN-BREI

800 g mehligkochende Kartoffeln
Salz
150 g TK-Erbsen
150 ml Milch
30 g Butter
Pfeffer aus der Mühle
etwas frisch geriebene Muskatnuss

LACHSSTÄBCHEN

4 Lachsfilets (à 150 g)
Salz
2 EL Zitronensaft
4 EL (Vollkorn-)Semmelbrösel
4 EL gemahlene Mandeln
2 EL flüssige Butter
2 TL Paprikapulver edelsüß
Pfeffer aus der Mühle
1 EL Rapsöl

ZUBEREITUNG

Für den Brei die Kartoffeln schälen, waschen und in grobe Würfel schneiden. Dann in kochendem Salzwasser in etwa 15 Minuten weich garen. Die Erbsen 5 Minuten vor Ende der Garzeit dazugeben.

Währenddessen für die Fischstäbchen den Fisch waschen, trocken tupfen, in Stäbchen schneiden, salzen und mit Zitronensaft beträufeln. Semmelbrösel, Mandeln, Butter, Paprikapulver, Salz und Pfeffer mischen. Die Lachstäbchen darin wenden und die Brösel gut andrücken.

Die Milch für den Brei in einem Topf erhitzen. Kartoffeln, Erbsen und Butter unterrühren und mit dem Kartoffelstampfer fein zerkleinern. Mit Salz, Pfeffer und Muskatnuss abschmecken.

Das Öl in einer Pfanne erhitzen und die Lachsstäbchen darin bei mittlerer Hitze 4 Minuten anbraten, zwischendurch wenden. Dann mit dem Kartoffel-Erbsen-Brei auf Tellern anrichten.

TIPP!

Dazu kann Kräuter-quark (siehe Seite 81) serviert werden.

GEMÜSERÖSTI MIT GURKENSALAT

8 RÖSTI | ANSPRUCHSVOLL | 45 MIN. | VEGETARISCH | GLUTENFREI

ZUTATEN

GURKENSALAT

1 große Salatgurke
1 Knoblauchzehe
3 EL gehackter Dill (frisch oder TK)
2 EL Olivenöl
1 EL Leinöl
150 g griechischer Joghurt
1–2 EL frisch gepresster Zitronensaft
Salz, Pfeffer aus der Mühle und Zucker

GEMÜSERÖSTI

1 Möhre
1 Zucchini
1 Süßkartoffel
8 Frühlingszwiebeln
Salz und Pfeffer aus der Mühle
2 Eier
3 EL Speisestärke
2 TL Olivenöl

ZUBEREITUNG

Für den Salat die Gurke waschen und dünn hobeln. Den Knoblauch schälen und fein hacken. Für das Dressing Dill, beide Öle, Joghurt und Zitronensaft verrühren. Mit Salz, Pfeffer und Zucker abschmecken. Gurken und Dressing vermischen, den Salat kalt stellen.

Für die Rösti Möhre und Zucchini putzen, beides waschen. Die Süßkartoffel schälen und waschen. Alles grob raspeln. Die Frühlingszwiebeln putzen, waschen und in Streifen schneiden. Das Gemüse vermengen, etwas durchkneten, in ein Sieb geben und Flüssigkeit abtropfen lassen. Anschließend mit Salz und Pfeffer würzen und Eier sowie Speisestärke untermengen.

Aus der Masse acht Rösti formen und fest zusammendrücken. Das Olivenöl in einer Pfanne erhitzen und die Rösti darin bei mittlerer Hitze goldbraun braten. Vorsichtig wenden und mit der Rückseite des Pfannenwenders an den Pfannenboden drücken. Auf dieser Seite ebenfalls goldbraun braten. Mit dem Gurkensalat servieren.

DEFTIGER WIKINGERTOPF

4 PORTIONEN | MITTEL | 30 MIN. | PROTEINREICH

ZUTATEN

HACKBÄLLCHEN

500 g Rinderhack
1 TL Senf
1 TL Paprikapulver edelsüß
Salz und Pfeffer aus der Mühle
1 EL Rapsöl

SAUCE

1 Schalotte
50 g Butter
1 EL Weizenmehl
¼ l Milch
250 g Sahne
Salz und Pfeffer aus der Mühle
400 g TK-Erbsen und -Möhren

ZUM GARNIEREN

etwas frisch gehackte Petersilie

ZUBEREITUNG

Alle Zutaten für die Hackbällchen bis auf das Öl in einer Schüssel vermengen. Aus der Masse tischtennisballgroße Bällchen formen. Das Öl in einem Topf erhitzen und die Hackbällchen darin bei mittlerer Hitze etwa 10 Minuten anbraten, zwischendurch vorsichtig wenden.

Währenddessen für die Sauce die Schalotte schälen und fein hacken. Die Butter in einer Pfanne zerlassen und die Schalotte darin bei mittlerer Hitze glasig andünsten. Das Mehl kurz anschwitzen. Milch und Sahne unterrühren. Alles mit Salz und Pfeffer abschmecken. Aufkochen und Erbsen sowie Möhren hinzugeben. Erneut aufkochen und die Hackbällchen einlegen.

Den Wikingertopf auf Teller verteilen und mit Petersilie garnieren.

TIPP!

Als Beilage eignen sich Kartoffeln, Reis oder unser Alien-Powerbrei (siehe Seite 115). Der Eintopf schmeckt auch am nächsten Tag noch wunderbar und kann somit gut vorbereitet werden.

GEBACKENER KOHLRABI MIT KETCHUP

4 PORTIONEN | EINFACH | 45 MIN. | VEGETARISCH | LAKTOSEFREI

ZUTATEN

KETCHUP

1 rote Zwiebel
220 g Tomatenmark
2 EL Essig
½ TL Salz
2 EL Honig

GEBACKENER KOHLRABI

2 große Kohlrabi
Salz
4 Eier
Kräutersalz
70 g Weizenmehl
70 g (Vollkorn-)Semmelbrösel
2 EL Rapsöl

ZUBEREITUNG

Für den Ketchup die Zwiebel schälen und fein hacken. Alle Zutaten bis auf den Honig in einem Topf mit 125 ml Wasser unter ständigem Rühren zum Kochen bringen, dann 20 Minuten köcheln lassen, gelegentlich umrühren. Mit dem Pürierstab feiner mixen und den Honig unterrühren. Etwas abkühlen lassen und in ein Schraubglas füllen.

Währenddessen den Kohlrabi putzen, schälen und in 2 cm dicke Scheiben schneiden. In kochendem Salzwasser 5 Minuten garen. In einem Sieb abtropfen und auskühlen lassen. Die Eier in einem tiefen Teller mit dem Kräutersalz verquirlen. In einen anderen Teller das Mehl und in einen dritten die Semmelbrösel füllen. Die Kohlrabischeiben jeweils nacheinander in Mehl, Ei und Semmelbröseln wenden.

Das Öl in einer Pfanne erhitzen und den Kohlrabi darin von beiden Seiten bei mittlerer Hitze knusprig anbraten. Mit Ketchup servieren.

TIPP!

Der Ketchup kann im Kühlschrank wochenlang aufbewahrt werden.

KNUSPRIGE POLENTA-ECKEN

4 PORTIONEN | MITTEL | 1 STD. | VEGETARISCH | GLUTENFREI

ZUTATEN

3 Zweige Thymian
3 Zweige Rosmarin
1 Knoblauchzehe
½ l Milch
500 ml Gemüsebrühe (siehe Seite 73)
200 ml Instant-Polenta
2 EL Rapsöl

ZUBEREITUNG

Die Kräuter waschen, trocken schütteln, die Blätter abzupfen und ganz fein hacken. Den Knoblauch schälen und andrücken.

Die Milch in einem Topf mit dem Knoblauch aufkochen und bei schwacher Hitze 10 Minuten ziehen lassen. Anschließend den Knoblauch herausnehmen. Die Gemüsebrühe hinzugeben und alles erneut aufkochen. Die Kräuter sowie die Polenta unterrühren und die Hitze reduzieren. Die Masse etwas quellen lassen. Die Polenta auf einem mit Backpapier ausgelegten Backblech etwa 1 cm dick verstreichen und auskühlen lassen. Anschließend in Dreiecke schneiden.

Das Öl in einer Pfanne erhitzen und die Polenta-Ecken darin unter Wenden bei mittlerer Hitze in etwa 5 Minuten goldgelb rösten.

TIPP!

Die Polenta-Masse kann gut am Vortag vorbereitet werden.

SÜSSER BROTAUFLAUF

4 PORTIONEN | EINFACH | 40 MIN. | VEGETARISCH

ZUTATEN

4 altbackene Brötchen
5 EL flüssige Butter
150 g Rohrohrzucker
3 Eier
400 ml Milch (alternativ Kokosmilch)
1 TL Ceylon-Zimtpulver
Mark von 1 Vanilleschote
50 g Rosinen oder Apfelstückchen (optional)

ZUBEREITUNG

Den Backofen auf 180 °C Ober- und Unterhitze vorheizen.

Die Brötchen in kleine Würfel schneiden, in eine Auflaufform geben und mit der zerlassenen Butter übergießen. Zucker, Eier, Milch, Zimt und Vanillemark verrühren. Die Mischung über das Brot gießen, alles vermengen und 5 Minuten quellen lassen. Optional Rosinen oder Apfelstückchen untermischen.

Den Auflauf im Ofen etwa 30 Minuten backen, bis er oben knusprig ist. Kurz abkühlen lassen und warm servieren.

TIPP!

Der Brotauflauf kann mit Vanilleeis, frischen Früchten oder Apfelmark serviert werden.

DINKELGRIESSBREI

2 PORTIONEN | EINFACH | 10 MIN. | VEGAN | LAKTOSEFREI

ZUTATEN

60 g Dinkelgrieß
500 ml Mandeldrink (alternativ Kuhmilch)
Mark von 1 Vanilleschote
Salz
1 Banane

TOPPINGS

Obst nach Wahl, in Würfel oder Scheiben geschnitten
etwas Mandelmus

ZUBEREITUNG

Den Grieß in einem Topf mit Mandeldrink, Vanillemark und 1 Prise Salz verrühren und unter Rühren aufkochen. Vom Herd nehmen.

Die Banane schälen und in einer Schale mit einer Gabel zerdrücken. Unter den Grießbrei mischen. Diesen auf Schalen verteilen und mit dem Lieblingsobst und etwas Mandelmus toppen.

MILCHREIS-PUDDING-BOWL

4 PORTIONEN | EINFACH | 30 MIN. | VEGETARISCH

ZUTATEN

1 l Milch
3 EL Kokosblütenzucker
Salz
250 g Milchreis
1 Pck. Schoko-Pudding-pulver

TOPPINGS

Erdnussmus, Beeren, Bananenscheiben und/oder gesundes Knusper-müsli

ZUBEREITUNG

Die Milch bis auf etwa 3 EL mit dem Kokosblütenzucker und 1 Prise Salz in einem Topf aufkochen. Den Reis unterrühren und bei schwacher Hitze und geschlossenem Deckel etwa 25 Minuten köcheln lassen, bis der Reis weich ist. Wichtig: zwischendurch umrühren, damit der Reis nicht anbrennt.

Währenddessen das Puddingpulver in einer Schale mit der restlichen Milch (3 EL) verquirlen. Zum Ende der Kochzeit unter den Milchreis rühren. Den Milchreis auf Schalen verteilen und mit den Toppings nach Wahl garnieren.

Bananen sind reich an Kalium und Magnesium. Sie sorgen für einen schnellen Energieschub.

Große Pesto-Pasta-Liebe

4
3
Das ist Zwergis Liebling!

GROSSE PESTO-PASTA-LIEBE

EINFACH 5-10 MIN.

1 WALNUSS-PESTO

VEGAN · LAKTOSEFREI · GLUTENFREI

Für 2 Portionen

ZUTATEN

½ Bio-Zitrone
1 Bund glatte Petersilie
2 Knoblauchzehen
5 EL Walnusskerne
80 ml Olivenöl
2 EL Walnussöl
Salz und Pfeffer aus der Mühle

ZUBEREITUNG

Die Schale der Zitrone fein abreiben und etwas Saft auspressen. Die Petersilie waschen, trocken schütteln und die Stiele grob entfernen. Den Knoblauch schälen und fein hacken. Die Walnusskerne in einer Pfanne ohne Fett goldgelb anrösten.

Zitronenabrieb und -saft, Knoblauch, Petersilie, Öle, Salz und Pfeffer im Standmixer oder in einem hohen Gefäß mit dem Pürierstab mixen. Die gerösteten Walnusskerne hinzufügen und alles nochmals grob zerkleinern.

2 LILA-LAUNE-PESTO

GLUTENFREI

Für 4 Portionen

ZUTATEN

300 g Rotkohl
1 Knoblauchzehe
4 EL Pinienkerne
Saft von ½ Zitrone
130 ml Olivenöl
50 g geriebener Parmesan
Salz, Pfeffer aus der Mühle und Zucker

ZUBEREITUNG

Vom Rotkohl die äußeren Blätter und den harten Strunk entfernen. Den Kohl in feine Streifen schneiden. Den Knoblauch schälen und fein hacken. Die Pinienkerne in einer Pfanne ohne Fett goldgelb anrösten.

Rotkohl, Knoblauch, Zitronensaft, Öl, Parmesan und Pinienkerne im Standmixer oder in einem hohen Gefäß mit dem Pürierstab zu einem glatten Pesto mixen. Mit Salz, Pfeffer und etwas Zucker abschmecken.

3 GRÜNES PESTO

VEGAN · LAKTOSEFREI · GLUTENFREI

ZUTATEN

Für 2 Portionen

30 g Blattspinat
1 Bund Basilikum
1 Knoblauchzehe
2½ EL Walnusskerne
2½ EL Cashewkerne
2½ EL Olivenöl
1½ EL Leinöl
Salz und Pfeffer aus der Mühle

ZUBEREITUNG

Den Spinat verlesen, waschen und trocken schleudern. Das Basilikum waschen und trocken schütteln. Den Knoblauch schälen. Alle Zutaten im Standmixer oder in einem hohen Gefäß mit dem Pürierstab zu einem glatten Pesto mixen.

4 ROTES PESTO

LAKTOSEFREI · GLUTENFREI

ZUTATEN

Für 2 Portionen

2 EL getrocknete Tomaten
200 g gegrillte Paprika (aus dem Glas)
30 g geriebener Parmesan
1 EL Mandeln
1 Knoblauchzehe
4 EL Olivenöl
Salz und Pfeffer aus der Mühle

ZUBEREITUNG

Die getrockneten Tomaten und gegrillten Paprika in einem Sieb abtropfen lassen. Alle Zutaten im Standmixer oder in einem hohen Gefäß mit dem Pürierstab zu einem glatten Pesto mixen.

Wir lieben unsere Pasta-Abende mit selbst gemachtem Pesto!

SNACKS FÜR ZWISCHEN-DURCH

Tagsüber sind wir leidenschaftliche Snacker. Satt vom Frühstück und in Vorfreude auf die abendliche Hauptmahlzeit darf es zwischendurch eine kleinere Portion sein. Diese muss aber unbedingt bunt aussehen und natürlich kreativ und unfassbar lecker sein.

OBSTSALAT TO GO MIT ERDBEERDIP

4 PORTIONEN | EINFACH | 20 MIN. | VEGETARISCH | LAKTOSEFREI | GLUTENFREI

ZUTATEN

1 Mango
1 Banane
1 Kiwi
1 Avocado
1 Birne
1 Handvoll Blaubeeren
1 Handvoll Weintrauben
1 Handvoll Physalis
1 Spritzer Limettensaft

ERDBEERDIP

250 g Erdbeeren
100 g Kokosjoghurt (alternativ Naturjoghurt)
2 EL Honig

ZUBEREITUNG

Die Mango schälen und das Fruchtfleisch auf der flachen Seite vom Stein schneiden. Die Banane und die Kiwi schälen. Die Avocado halbieren und den Stein entfernen. Die Avocadohälften schälen. Die Birne waschen, vierteln und entkernen. Das Obst in mundgerechte Stücke schneiden. Aus Mangos und Kiwis kann man auch kleine Herzen oder Sterne ausstechen.

Die Beeren, Trauben und Physalis waschen und trocken tupfen.

Alles in eine Schüssel geben und mit Limettensaft beträufeln. Vorsichtig vermengen und in kleine Gläser mit Schraubverschluss oder in Brotdosen füllen.

Für den Dip alle Zutaten im Standmixer pürieren und für den Transport in ein separates Glas abfüllen. Zum Genießen das Obst mit einer Gabel aufpicken und in den Erdbeerdip tunken oder diesen mit dem Obst vermengen und auslöffeln.

MÖHREN-ENERGY-BALLS

CA. 12 BÄLLCHEN | MITTEL | 20 MIN. | VEGAN | LAKTOSEFREI | GLUTENFREI

ZUTATEN

2 Möhren
150 g Soft-Datteln (alternativ getrocknete Aprikosen oder andere Trockenfrüchte)
Mark von 1 Vanilleschote
100 g Pekannusskerne
1 TL Ceylon-Zimtpulver
4 EL zarte Haferflocken
6 EL Kokosraspel

ZUBEREITUNG

Die Möhren putzen, schälen und raspeln. Die Datteln entsteinen und zusammen mit Vanillemark, Pecannusskernen und Zimt im Multizerkleinerer (oder optional mit einem Schuss Wasser im Standmixer) zu einer klebrigen Masse mixen. Möhren, Haferflocken und 4 EL der Kokosraspel unterkneten.

Die Masse zu zwölf kleinen Kugeln formen. Die restlichen Kokosraspel auf einem Teller verteilen und die Kugeln darin wälzen.

TIPP!

Die Energy Balls halten sich im Kühlschrank bis zu einer Woche.

SCHNELLE BANANENMILCH

2 PORTIONEN | EINFACH | 5 MIN. | VEGETARISCH | GLUTENFREI

ZUTATEN

2 Bananen
500 ml Milch
1–2 TL Honig
etwas gemahlene Vanille

ZUM GARNIEREN

gemahlene Mandeln (optional)

ZUBEREITUNG

Die Bananen schälen, in Scheiben schneiden und zusammen mit Milch, Honig und Vanille im Standmixer oder in einem hohen Gefäß mit dem Pürierstab zu einer schaumigen Bananenmilch mixen.

Die Milch in Gläser füllen und optional gemahlene Mandeln darüberstreuen.

YUMMY!

Anstatt Bananen können auch Früchte der Saison verwendet werden, z. B. Erdbeeren oder Himbeeren.

ROHKOST-LÖWE

4 PORTIONEN | EINFACH | 20 MIN. | VEGETARISCH

ZUTATEN

einige Halme Schnittlauch
1 rote Paprika
1 gelbe Paprika
6 Möhren
1 Pck. Kräuterquark (oder selbst gemacht, siehe Seite 81)
1 Mini-Mozzarella-Kugel
1 schwarze Olive ohne Stein
4 runde Cracker

ZUBEREITUNG

Den Schnittlauch waschen und trocken schütteln. Die Paprika entkernen, waschen und in Streifen schneiden. Die Möhren putzen, schälen und ebenfalls in Streifen schneiden. Ein kleines Stück rote Paprika für die Löwenzunge beiseitelegen. Den Quark in eine Schale füllen und in der Mitte eines großen Tellers platzieren.

Den Mozzarella halbieren und die Olive in drei Scheiben schneiden, eine davon halbieren. Zwei Cracker als Augen auf den Dip legen. Darauf die Olivenscheiben als Pupillen drapieren. Die halbierte Olivenscheibe kommt als Nase in die Mitte der Schale, das beiseitegelegte Paprikastück als Zunge darunter. Als Schnauze und Schnurrhaare die Mozzarellahalbkugeln links und rechts davon anrichten und ein paar Schnittlauchhalme darauflegen. Um den Dip herum werden die Paprika- und Möhrenstreifen als Mähne drapiert. Zum Schluss die restlichen Cracker als Ohren darauflegen. Fertig!

YUMMY!

Der Rohkost-Löwe kommt immer besonders gut bei Partys oder Geburtstagen an. Er sieht toll aus und lädt dadurch förmlich zum gesunden Snacken ein.

SANDWICH MIT AVOCADO UND GURKE

1 PORTION | EINFACH | 5 MIN. | PROTEINREICH

ZUTATEN

½ Avocado
2 Scheiben Vollkorn-Sandwichtoast
6 dünne Streifen rote Paprika
1 Scheibe Geflügelwurst
1 Scheibe Käse
6 Scheiben Salatgurke
2 EL (Kräuter-)Frischkäse

ZUBEREITUNG

Die geschälte Avocado mit einer Gabel auf einer Toastscheibe verstreichen. Die Paprikastreifen nebeneinander darauflegen. Mit der Wurstscheibe, dann mit der Käsescheibe belegen. Die Gurkenscheiben auf die Käseschicht legen. Die zweite Toastscheibe mit Frischkäse bestreichen und das Sandwich damit toppen.

Damit das Sandwich gut hält, kann es in Brotpapier eingewickelt oder mit einem Spieß fixiert werden. Abhängig vom Alter des Kindes kann die Anzahl der Sandwich-Schichten nach Belieben variiert werden.

TIPP!

Die Gurkenscheiben können auch mit Plätzchenförmchen ausgestochen (z. B. in Form einer Blume) und separat angeboten werden.

SÜSSE MÄUSE

10 MÄUSE | ANSPRUCHSVOLL | 45 MIN. | VEGETARISCH

ZUTATEN

125 g Magerquark
4 EL Milch
4 EL Rapsöl
1 Ei
5 EL Rohrohrzucker
Mark von 1 Vanilleschote
250 g Weizenmehl
1 Pck. Backpulver
150 g gemahlene Mandeln

ZUM GARNIEREN

1 Eigelb
etwas Milch
einige blanchierte Mandeln
einige Rosinen

ZUBEREITUNG

Den Backofen auf 200 °C Ober- und Unterhitze vorheizen. Quark, Milch, Öl, Ei, Zucker und Vanillemark in einer Schüssel verrühren. Mehl und Backpulver darübersieben, die gemahlenen Mandeln hinzugeben und alles zu einem glatten Teig verkneten (eventuell mehr Mehl hinzufügen).

Aus dem Großteil des Teigs zehn Kugeln formen und diese etwas flach drücken. Aus dem restlichen Teig zehn kleine Rollen formen und als Schwänzchen an den Mäusen anbringen (gut festdrücken, damit sie nicht wieder abfallen). Die Mäuse auf einem mit Backpapier ausgelegten Blech verteilen.

Das Eigelb mit der Milch verquirlen und die Mäuse damit bestreichen. Als Ohren die Mandeln hineinstecken und als Augen die Rosinen. Anschließend im Backofen etwa 15 Minuten backen. Herausnehmen und vernaschen.

Mit Eigelb bestrichen glänzen die Mäuschen nach dem Backen appetitlich.

MAIS-KÄSE-FRITTERS

2 PORTIONEN | EINFACH | 25 MIN. | VEGETARISCH | GLUTENFREI

ZUTATEN

1 kleine Dose Mais (140 g)
1 Ei
200 ml Milch
100 g Kichererbsenmehl (alternativ Weizenmehl)
½ TL Backpulver
1 TL Paprikapulver edelsüß
50 g Gouda, gerieben
2 EL Schnittlauchröllchen
2 TL Rapsöl

ZUM GARNIEREN

Möhren und Salatgurke, in Streifen geschnitten

ZUBEREITUNG

Den Mais in einem Sieb abbrausen und abtropfen lassen. Das Ei und die Milch in einer Schüssel mit einer Gabel verquirlen. Mehl, Back- und Paprikapulver nach und nach einrühren. Dann Mais, Käse und Schnittlauch untermischen.

Das Öl in einer Pfanne erhitzen. Den Teig mit einem Esslöffel portionsweise in die Pfanne geben und von jeder Seite bei mittlerer Hitze in etwa 3 Minuten goldbraun backen. Auf Küchenpapier abtropfen lassen und mit Gemüsestreifen garniert servieren.

TIPP!

Die Mais-Käse-Fritters eignen sich auch super zum Mitnehmen. Einfach in eine Brotdose packen, und schon habt ihr etwas Leckeres zum Lunch dabei!

SCHNELLER NUDELSALAT

6 PORTIONEN | EINFACH | 25 MIN. | VEGETARISCH

ZUTATEN

400 g Hörnchennudeln (alternativ andere Nudeln)
Salz
1 Räuchertofu (alternativ Geflügelfleischwurst)
2 Dosen Erbsen und Möhrchen (à 265 g Abtropfgewicht)
2 Gläser Cornichons (à 190 g Abtropfgewicht)

DRESSING

120 ml Gurkenwasser (siehe oben)
3 EL Mayonnaise
3 EL Tomatenketchup
Salz und Pfeffer aus der Mühle

ZUBEREITUNG

Für den Salat die Nudeln nach Packungsanweisung kochen. Anschließend abgießen, kalt abbrausen und abkühlen lassen.

Den Räuchertofu in kleine Würfel schneiden. Erbsen und Möhrchen in einem Sieb abtropfen lassen. Die Cornichons ebenfalls abtropfen lassen, dabei aber das Gurkenwasser auffangen. Die kleinen Gurken in Scheiben schneiden. Alles in einer Schüssel vermengen.

Für das Dressing alle Zutaten in einer kleinen Schüssel verrühren und über den Salat geben. Alles vermischen, ziehen lassen und fertig!

TIPP!

Für unterwegs kannst du den Nudelsalat in ein großes Schraubglas oder in eine Frischhaltedose packen.

BANANENBROT

12 STÜCKE | EINFACH | 1 STD. | VEGAN | LAKTOSEFREI

ZUTATEN

4 reife Bananen
100 ml Rapsöl
120 ml Haferdrink
80 g Rohrzucker
150 g Weizenmehl
100 g Dinkelvollkornmehl
100 g gemahlene Mandeln
2 TL Backpulver
1 Prise Salz
1 Prise gemahlene Vanille
1 TL Ceylon-Zimtpulver

ZUM GARNIEREN

etwas Mandelmus (optional)
einige Blaubeeren (optional)

ZUBEREITUNG

Den Backofen auf 180 °C Ober- und Unterhitze vorheizen. Die Bananen schälen und in einer Schüssel mit einer Gabel zerdrücken. Das Öl und den Haferdrink unterrühren. Die restlichen Zutaten miteinander vermischen und nur kurz unter die Bananenmasse rühren.

Den Teig in eine Kastenform aus Silikon oder in eine mit Backpapier ausgelegte Blechform geben. Die Form einmal auf die Arbeitsfläche klopfen, damit Luft aus dem Teig entweichen kann. Das Bananenbrot im Ofen etwa 45 Minuten backen.

Herausnehmen und abkühlen lassen. Das Brot kann pur gegessen oder mit Mandelmus und Blaubeeren belegt werden.

TIPP!

Das Bananenbrot hält sich im Kühlschrank 3–4 Tage oder eingefroren 4–6 Wochen.

GUACAMOLE-FLEDERMÄUSE

2 PORTIONEN | EINFACH | 20 MIN. | VEGETARISCH | GLUTENFREI

ZUTATEN

1 Avocado
1 TL Limettensaft
1 Tomate
2 EL Schmand
Salz und Pfeffer aus der Mühle

ZUM GARNIEREN

2 Oliven ohne Stein
etwas rote Paprika
4 Tortillachips

ZUBEREITUNG

Die Avocado halbieren und den Stein entfernen. Die Avocadohälften schälen und das Fruchtfleisch in eine Schüssel geben. Mit Limettensaft beträufeln und mit einer Gabel zerdrücken. Die Tomate waschen und in kleine Würfel schneiden, dabei vom Stielansatz befreien. Mit Schmand, Salz und Pfeffer unter die Avocado rühren.

Die Oliven in Ringe und die Paprika in sehr kleine Dreiecke schneiden. Von der Guacamole je 2 EL auf Teller geben. Je 2 Tortillachips als Flügel links und rechts einstecken. Olivenringe als Augen platzieren und 2 kleine Paprika-Dreiecke als Eckzähne anbringen.

Unsere Lunchbox-Ideen

2
Das ist Zwergis Liebling!
3

UNSERE LUNCHBOX-IDEEN

Für je 1 Lunchbox

EINFACH | JE 10 MIN. | PROTEINREICH

1 KÄSE-SCHINKEN-RÖLLCHEN, KAROTTEN-GURKEN-SPIESSE, LAUGENSTANGE UND BEEREN

Zu zweit macht das Vorbereiten der Brotzeitboxen mehr Spaß, und es geht auch schneller!

ZUTATEN

1 Möhre
1 Snack-Gurke
einige Himbeeren und Heidelbeeren
1–2 Scheiben Käse
1–2 Scheiben gekochter Schinken
einige Salzstangen
1 Laugenstange

ZUBEREITUNG

Die Möhre putzen, schälen und in Scheiben schneiden. Die Gurke waschen und ebenfalls in Scheiben schneiden. Die Beeren verlesen, waschen und trocken tupfen. Möhren- und Gurkenscheiben abwechselnd auf Zahnstocher aufspießen.

Käse- und Schinkenscheiben in etwa gleich große Streifen schneiden, aufeinanderlegen und aufrollen. Mit einem Zahnstocher ein Loch durch die Röllchen vorstechen und die Salzstangen durchstecken.

Die Karotten-Gurken-Spieße, die Käse-Schinken-Röllchen, die Laugenstange und die Beeren auf die Fächer der Lunchbox verteilen.

2 PIZZAWAFFELN, RADIESCHEN-UFOS UND FRÜCHTE

ZUTATEN

3 Radieschen
etwas Frischkäse
3 runde Cracker
einige Weintrauben und Heidelbeeren
Pizzawaffeln (siehe Seite 85)

ZUBEREITUNG

Die Radieschen putzen, waschen und quer halbieren. Die Innenflächen mit Frischkäse bestreichen. Mit einem Cracker belegen und wieder zusammenklappen.

Trauben und Heidelbeeren waschen und trocken tupfen. Pizzawaffeln, Radieschen-Ufos und Früchte auf die Fächer der Lunchbox verteilen.

3 EI-MAUS, WRAP-RÖLLCHEN UND GEMÜSEBLÜMCHEN

ZUTATEN

1 Ei, hart gekocht
1 Radieschen
1 Möhre
1 Tortilla-Wrap
etwas Frischkäse
2 Scheiben vegetarische Wurst (alternativ Fleischwurst)
1 Scheibe Gouda
2 Blätter Romanasalat
je 1 rote und gelbe Paprika
¼ Salatgurke

ZUBEREITUNG

Für die Ei-Maus das Ei pellen. Für die Ohren das Radieschen putzen, waschen und in Scheiben schneiden. Für die Nase ein kleines Stück Radieschen rund ausschneiden. Für die Schnurrhaare die Möhre schälen und vier dünne, kurze Streifen abschneiden. Außerdem zwei kleine Möhrenstücke für die Augen zurechtschneiden. Zwei Schlitze seitlich in das Ei schneiden und zwei Radieschenscheiben als Mäuseohren hineinstecken. Genauso mit den Schnurrhaaren, Augen und der Nase der Maus vorgehen.

Für die Wrap-Röllchen den Wrap mit Frischkäse bestreichen. Mit Wurst und Gouda belegen. Den Salat waschen, trocken schleudern und auf die Käsescheibe legen. Den Wrap fest zusammenrollen und in Scheiben schneiden. Die Röllchen mit je einem Zahnstocher feststecken.

Für die Gemüseblümchen die Paprika waschen und mit einem passenden Ausstecher kleine Blumen ausstechen. Die Gurke waschen und in Scheiben schneiden.

DANKE!

Männer können nicht kochen – wie oft haben wir das schon gehört! Zugegeben, in diese Schublade haben wir einen Großteil unseres Lebens gepasst. Wir konnten es nicht, und wir hatten keine Lust, uns mit dem Thema zu beschäftigen. Früher hat uns der Inhalt der Tiefkühltruhe über Wasser gehalten, die Weiterentwicklung war der Einsatz unserer Küchenmaschine.

Spätestens mit Einzug unseres Sohnes Lukas war klar, dass sich bei unseren Essensgewohnheiten etwas grundlegend ändert. Und so schauen wir mittlerweile seit Jahren genau hin, wenn es darum geht, was bei uns auf den Tisch kommt.

Als Stephan mit der Idee eines Kochbuchs auf uns zukam, mussten wir schmunzeln. Wie sich Zeiten, Interessen und Prioritäten doch ändern können. Wir danken ihm für die Initialzündung, seine Nerven bei der Umsetzung und sein immer offenes Ohr.

Wir danken unserem Verlag für so viel Vertrauen, für die Weitsicht und auch den Mut, etwas grundlegend anders bei der Umsetzung zu machen. Und wir danken Steffi für ihr internes Lektorat, bevor das Buch überhaupt jemand anderes zu sehen bekam.

Ganz besonders möchten wir aber dir danken! Du glaubst an uns und unsere Philosophie. Du hältst dieses Buch in Händen und freust dich auf die Umsetzung unserer leckeren Rezepte. Wir wünschen dir ganz viel Freude beim Nachkochen, Inspiration in deiner Küche, und vielleicht machen wir auch deine Welt noch ein bisschen bunter.

REZEPTE VON A–Z

P

R

S

T

V

W

Z

REZEPTE NACH ZUTATEN

ZU DEN AUTOREN

Bjoern und Christian Behr - besser bekannt als @PAPAUNDPAPI - leben mit Sohn Lukas und Labrador Anton in einem Häuschen auf dem Land. Seit drei Jahren zeigen sie ihren Regenbogen-Familienalltag auf Instagram und begeistern damit eine große Fangemeinde. Ihr Ziel ist es Vorurteile abzubauen, für Toleranz und Akzeptanz zu kämpfen - und die Welt ein bisschen bunter zu machen!

FOOD FOTOS

Im Buch enthaltene Fotos können zur eigenen Nutzung erworben werden unter *www.stockfood.de*

IMPRESSUM

Hinter jedem tollen Buch steckt ein starkes Team

Projektleitung: Nadine Widl
Rezepte: Beatrice Becker
Lektorat: Franziska Sorgenfrei
Redaktionelle Mitarbeit: 31Media GmbH, Franz Jentzsch, Stephan Strauß
Cover, grafische Gestaltung und Satz: 31Media GmbH, Stephanie Willing
Fotografie: 31Media GmbH, Ben Fuchs
Foodstyling: 31Media GmbH, Pedro Torres
Herstellung: Frank Jansen
Producing: Jan Russok
Druck & Bindung: optimal media GmbH, Röbel

1. Auflage 2023

Kaiserstraße 14 b
D-80801 München
ISBN: 978-3-96584-327-1

HINWEIS

Die Ratschläge in diesem Buch wurden mit größter Sorgfalt von Autoren und Verlag erarbeitet und geprüft. Eine Garantie kann jedoch nicht übernommen werden. Ebenso ist eine Haftung der Autoren bzw. des Verlags und seiner Beauftragten für Personen-, Sach- oder Vermögensschäden ausgeschlossen. Erkrankungen mit ernstem Hintergrund gehören in ärztliche Behandlung! Bei bereits bestehenden Beschwerden kann das Buch daher keinen fachärztlichen Rat ersetzen.

LIEBE LESERINNEN, LIEBE LESER,

wie schön, dass Sie ein Buch von ZS in den Händen halten. „Jetzt leben!“ ist das Motto unseres Verlages. Es steht für Genuss und Inspiration, Unterstützung und Motivation. Ob Kulinarik oder Fitness, Gesundheit oder Lebenshilfe – seit über 30 Jahren bieten wir kompetente Ratgeber für (fast) alle Lebenslagen. Wir lieben Tradition genauso wie Innovation – sie treiben uns an. Unsere Autorinnen und Autoren sind Menschen, die zu ihrem Thema wirklich etwas zu sagen und zu schreiben haben. Unsere Produkte sind erzählerisch, appetitmachend und als gedruckte Bücher haptisch echte Erlebnisse. Für Sie mit ganz viel Liebe gemacht! Entdecken Sie mehr aus unserer wunderbaren Welt!

UNSER VERLAGSHAUS

Mit Standorten in München, Hamburg und Berlin zählt die Edel Verlagsgruppe zu den größten unabhängigen Buchanbietern Deutschlands. Zur Edel Verlagsgruppe gehört unter anderem ZS mit seinen Lizenzmarken Dr. Oetker Verlag, Kochen & Genießen und Phaidon by ZS.

ZS - Ein Verlag der Edel Verlagsgruppe
www.zsverlag.de
www.facebook.com/zsverlag
www.instagram.com/zsverlag

FÜR DIE UMWELT

ZS unterstützt bei der Produktion dieses Buches das Projekt „Junge Riesen für die nächsten 100 Jahre“ im Naturpark Nossentiner/Schwinzer Heide. Damit wird ein Anteil der unvermeidbaren CO_2-Emissionen im direkten Umfeld des Produktionsstandortes kompensiert.

PARTNER Naturpark Nossentiner/Schwinzer Heide
www.optimal-media.com/naturschutzprojekt-001

NEWSLETTER

Was koche ich heute Feines? Und wie geht das – schmackhaft und gesund?

Melden Sie sich jetzt zum ZS-Genuss-Service an und verpassen Sie keine kulinarischen und gesundheitlichen Trends mehr.
Wir informieren Sie regelmäßig über unsere Neuerscheinungen, Aktionen oder Gewinnspiele und verraten Ihnen unsere Lieblingsrezepte!

GEWINNEN

Unter allen Neuabonnierenden verlosen wir jeden Monat eine *ZS-Genuss-Box* im Wert von 75,00 €.

Jetzt anmelden unter:
www.zsverlag.de/newsletter
oder den QR Code scannen:

ANMELDEN!